U0611871

一本书掌握世界地理

最权威、最实用、最卓越的世界地理百科全书

A BOOK TO MASTER
WORLD GEOGRAPHY

子志◎编著

外文出版社
FOREIGN LANGUAGES PRESS

图书在版编目（CIP）数据

一本书掌握世界地理/子志编著.
—北京: 外文出版社, 2010
ISBN 978-7-119-06201-3

I. ①一… II. ①子… III. ①地理—世界—普及读物
IV. ①K91—49

中国版本图书馆 CIP 数据核字（2009）第 239042 号

策　　划：中文项目组
责任编辑：钟　文
装帧设计：天下书装
印刷监制：冯　浩

一本书掌握世界地理

子志/编著

©2009 外文出版社
出版发行：外文出版社
地　　址：中国北京西城区百万庄大街 24 号　　邮政编码　100037
网　　址：http://www.flp.com.cn
电　　话：（010）68320579/68996067（总编室）
　　　　　（010）68995844/68995852（发行部）
　　　　　（010）68327750/68996164（版权部）
制　　版：北京中印联印务有限公司
印　　制：北京中印联印务有限公司
经　　销：新华书店 / 外文书店
开　　本：700mm×1000mm　　1/16
印　　张：18
字　　数：200 千字
装　　别：平
版　　次：2010 年 1 月第 1 版第 1 次印刷
书　　号：ISBN 978-7-119-06201-3
定　　价：32.00 元　　　　　　　　　　　　建议上架：通俗读物

目 录

（四）天气系统

（五）气候系列

(六)气温和湿度

(七)地图系列

(八)风系列

(九)环境资源

(十一)洋底地貌、洋流和渔场

(十)海洋环境

(十二)岩石、土壤和矿物

（二二）著名峡谷瀑布

前 言

地理,从某种意义上说是一种气质、一种教养,每一个崇尚自然、爱好探险、关注未来、乐观上进的人都会心向往之。地理环境是人类赖以生存和发展的空间。自古以来,人们对地理环境进行了不懈的探索。今天,人类又面临着资源短缺、环境污染、水土流失、沙尘暴频发等一系列重大问题。学习地理、关注环境,已成为许多人迫切的需要和自觉的行为;具备必要的地理知识,也成了现代社会公民的一种基本素养。

从北极到南极,从东方到西方,从日出到日落,从往古到今天。我们生活的地球处处令人怦然心动:青山绿水的钟灵毓秀令人感叹造化的神奇,山崩地裂的磅礴气势使人兴叹自然的力量,历史遗存的博大精深叫人赞叹先人的智慧,失落文明的不解之谜让人生发探寻的冲动。

地球是由什么构成的? 大气为什么可以保护我们的地球,让生物不受损害? 地球表面覆盖着陆地和海洋,那它们又是怎么分布的? 在这幅异彩纷呈的画卷中,我们的未知总是多于已知;我们总有想象需要去证实。不管咫尺或是天涯,大自然的真实不会因我们的懵懂而褪色。

这是一本浓缩世界地理知识精粹的储备手册。此书不但可以开阔视野,还可以丰富人的生活情趣。所以说,它既是一本知识储备词典,又是生活之余的实用佳品。作者根据丰富的地理知识和史料,编撰成这本集知识性、趣味性、科学性为一体的地理书籍。本书资料翔实,文字精练,通俗易懂,生动活泼,其内容涵盖地球、水循环和降水、气压、气团和气旋、气象系列、天气系统、气候系列、气温和湿度、地图系列、风系列、环境资源、海洋环境、洋底地貌、洋流和渔场、岩石、土壤和矿物、气候气象奇观、自然灾害、主要大洲、四大洋、著名江河、著名湖泊、著名山脉、著名岛屿、著名海峡、著名峡谷瀑布、著名海湾、著名火山、著名国家公园、世界地质公园、考古发现等方方面面。让你轻松阅读浩博地理,从而丰富知识,开拓视野。

我们抛开枯燥的说教,浓缩世界地理之精华,为读者营造了感受世界自然地理和人文环境的良好氛围,相信定能展现给读者一个格外精彩、细致、博大的地理世界。

（一）

地　球

地球的诞生

在地球是如何诞生的这一问题上，至今已经提出多种学说。现在流行的看法是：地球作为一个行星，远在46亿年以前起源于原始太阳星云。它同其他行星一样，经历了吸积、碰撞这样一些共同的物理演化过程。地球胎形成伊始，温度较低，并无分层结构，只有由于陨石物质的轰击、放射性衰变致热和原始地球的重力收缩，才使地球温度逐渐升高。随着温度的升高，地球内部物质也就具有越来越大的可塑性，且有局部熔融现象。这时，在重力作用下物质分离开始，地球外部较重的物质逐渐下沉，地球内部较轻的物质逐渐上升，一些重的元素（如液态铁）沉到地球中心，形成一个密度较大的地核（地震波的观测表明地球外核是液态的）。物质的对流伴随着大规模的化学成分，最后地球就逐渐形成现今的地壳、地幔和地核等层次。

地壳

通俗地讲，地壳是地球的最外层，岩石圈的重要组成部分。其底界为莫霍洛维奇不连续面（莫霍面）。整个地壳平均厚度约17千米，其中大陆地壳厚度较大，平均为33千米。高山、高原地区地壳更厚，最高可达70千米；平原、盆地地壳相对较薄。大洋地壳则远比大陆地

壳薄，厚度只有几千米，有的地方为5~8千米。

地壳可分为上下两层。上层化学成分以氧、硅、铝为主，平均化学组成与花岗岩相似，称为花岗岩层，亦有人称之为"硅铝层"。此层在海洋底部很薄，尤其是在大洋盆底地区，太平洋中部甚至缺失，是不连续圈层。下层富含硅和镁，平均化学组成与玄武岩相似，称为玄武岩层，亦有人称之为"硅镁层"（另一种说法，整个地壳都是硅铝层，因为地壳下层的铝含量仍超过镁；而地幔上部的岩石部分镁含量极高，称为硅镁层）；在大陆和海洋均有分布，是连续圈层。两层以康拉德不连续面隔开。

地幔

一般来讲，地幔是地球的中间层，位于莫霍面以下和古登堡面以上的地下33~2900千米深处，随着深度的增加，压力可以达到50万~150万个大气压，温度1200℃~3000℃。地幔的质量占地球总质量的67.8%；体积占地球总体积的82%。厚度约2865千米，它是地球内部体积最大、质量最大的一层。主要由致密的造岩物质构成。它受

地壳隔离，人们直接看不到，只有火山喷发时，人们才可以一睹地幔的一部分"熔岩"，它像房子的帐幔一样遮住了人们从地壳角度察看地核的视线，故称其为"地幔"。

地幔可分成上地幔和下地幔两层。上地幔一般又称为软流层，成分接近于超基性岩即二辉橄榄岩的组成，很可能是岩浆的发源地。他的顶部存在一个地震波传播速度减慢的层（古登堡低速层），与地震波传播速度也一致。软流层以上的地幔是岩石圈的组成部分。下地幔的物质呈可塑性固态，温度、压力和密度均增大。1914年，古登堡根据地震波传播速度测定地核的深度为2900千米，比现代精密测量的结果只差15千米。因此，地核——地幔边界又称为"古登堡不连续面"。

地核

"地核"顾名思义是指地球的核心部分。位于古登堡面（2900千米）以下直到地心。它从下地幔的底部一直延伸到地球的核心部位，距离约为3473千米，半径为3480千米，总质量为1.88×1021吨，占整个地球质量的31.5%，体积占整个地球的16.2%，比太阳系中的火

星还要大。压力可达300万~360万个大气压；一般认为温度为2000℃~3000℃，或更高。地核的边界是一个极为明显的不连续面，纵波从13.6千米/秒下降到8.1千米/秒，横波突然消失。

地核又分为外地壳、过渡层和内地核三个层次。外地核的厚度为1742千米，平均密度约10.5克/立方厘米，物质呈液态，压力已达到136万个大气压。过渡层的厚度只有515千米，物质处于由液态向固态过渡的状态。内地核厚度1216千米，平均密度增至12.9克/立方厘米，也增加到了360万个大气压。其主要成分以铁、镍为主，所以又称"铁镍核"。

板块学说

所谓板块指的是岩石圈板块，包括整个地壳和莫霍面以下的上地幔顶部，也就是地壳和软流圈以上的地幔顶部。一般说来，在板块内部，地壳相对比较稳定，而板块与板块交界处，则是地壳比较活动的地带，这里火山、地震活动以及断裂、挤压褶皱、岩浆上升、地壳俯冲等现象频繁发生。新全球构造理论认为，不论大陆壳或大洋壳都曾发生并还在继续发生大规模水平运动。但这种水平运动并不像大陆漂移说所设想的，发生在硅铝层和硅镁层之间，而是岩石圈板块整个地幔软流层上像传送带那样移动着，大陆只是传送带上的"乘客"。

勒皮雄在1968年将全球地壳划分为六大板块：太平洋板块、亚欧板块、非洲板块、美洲板块、印度板块（包括澳洲）和南极板块。板块之间的边界是大洋中脊或海岭、深海沟、转换断层和地缝合线。这里提到的海岭，一般指大洋底的山岭。在大西洋和印度洋中间有地震活动性海岭，另名为中脊，由两条平行脊峰和中间峡谷构成。

地热

一般认为，地热是由于地球物质中所含的放射性元素衰变产生的热量。地球内部活动可以产生巨大的热能，有人估计，在地球的历史中，地球内部由于放射性元素衰变而产生的热量，平均为每年5万亿亿卡。这是多么巨大的热源啊！地球每一层的温度是不相同的，从地表以下平均每下降100米，温度就升高3℃，在地热异常区，温度随深度增加的更快。其中一部分热量能

以特定的形式到达特定地表，因此，人们能够利用地球内部的热获取生产生活必需的能源，这是地热对人类的一大贡献。

多数地热资源都存在于活火山活动地区。温泉、间歇泉、沸泥浆池以及喷气孔是最容易开发的资源。地热可以用来加热浴池和房屋，然而地热能的最大利用潜力在于发电。意大利在1904年首先使用地热能来发电。1981年8月，在肯尼亚首都内罗毕召开了联合国新能源会议，据会议技术报告介绍，全球地热能的潜在资源约为现在全球能源消耗总量的45万倍。地下热能的总量约为煤全部燃烧所放出热量的1.7亿倍。地球蕴涵着丰富的地热资源，等待我们去开发。

极光

在地球南北两极附近地区的高空，夜间常会出现灿烂美丽的光辉。它有时像彩带，有时像火焰，有时又像五光十色的屏幕。它轻盈地飘荡，同时忽暗忽明，发出红的、蓝的、绿的、紫的光芒。这种壮丽动人的景象就叫做"极光"。

极光多彩多样，形状不一，绚丽无比。它出现的时间有长有短，有时如节日的焰火在空中一闪而过，有时却可以在苍穹之中辉映几个小时；有时像一条彩带，有时又像一张五光十色的巨大银幕；有时极光出现在地平线上，犹如晨光曙色；有时极光如山茶吐艳，一片火红；有时极光密聚一起，犹如窗帘幔帐；有时它又射出许多光束，宛如孔雀开屏，蝶翼飞舞。通常认为极光是来自太阳微小高能粒子在地球磁场受阻后偏向的结果。一说是太阳高能粒子在地球磁场作用下和地球外层大气中氧氮原子撞击产生的辉光。太阳每11年左右有一个非常活动期，发出大量高能粒子进入宇宙空间。此时出现的极光最为瑰丽壮观。

潮汐

潮汐是指海水表面规则的，周期性起落的现象，是沿海地区经常发生的一种自然现象。古代称白天的潮汐为"潮"，晚上的称为"汐"，合称为"潮汐"，它的发生和太阳、月球都有关系，也和我国传统农历对应。在农历每月的初一即朔点时刻处太阳和月球在地球的一侧，就有了最大的引潮力，所以会引起"大潮"，在农历每月的十五或十六附近，太阳和月亮在地球的两侧，太阳和月球的引潮力你推我拉也会引起"大潮";在月相为上弦和下弦时,即农历的初八和二十三时,太阳引潮力和月球引潮力互相抵消了一部分所以就发生了"小潮",故农谚中有"初一十五涨大潮,初八二十三到处见海滩"之说。

日食和月食

一、日食:当太阳、月球、地球运行约成一条直线时,如月球阴影掠过地球,会造成日食。依目视太阳被月球遮掩的多少,约可区分出日偏食、日全食和日环食。当日全食发生时,我们在地球上可看到平日因强烈阳光而不易看出的太阳闪焰、太阳日珥等太阳表面现象。发生日全食的延续时间不超过7分31秒,日环食的最长时间是12分24秒。

二、月食:当太阳、地球、月球运行约成一条直线时,如月球运行到地球阴影内,则会形成月食。依地球遮蔽阳光照射到月球的多少,可区分出月偏食和月全食。地球的直径大约是月球的4倍,在月球轨道处,地球的本影的直径仍相当于月球的2.5倍。所以当地球和月亮的中心大致在同一条直线上,月亮就会完全进入地球的本影,而产生

月全食。而如果月球始终只有部分为地球本影遮住时，即只有部分月亮进入地球的本影，就发生月偏食。月球上并不会出现月环食。因为，月球的体积比地球小得多。

公转与四季交替

地球围绕着太阳运动，叫做地球的公转运动。但是人们生活在地球上看到的却是日月星辰绕地球运行，是哥白尼等人的研究才发现了地球绕太阳旋转的事实，现代对恒星光行差、恒星视差的发现更加证明了这一事实。地球公转轨道呈椭圆形，太阳处在它的一个焦点上。从北极看，地球公转方向和自转方向相同，自西向东，公转的周期是一年，标准的时间称为恒星年，即365.25636日。公转速度同太阳的距离有关，在近日点时速度快，远日点时速度慢，这导致了夏半年比冬半年多7天。由于地球是斜着身子公转的，因此处在黄道不同的位置对地球表面的不同部位的受热情况有很大影响，倾向太阳的位置比相反的位置得到的热量多，这样就形成了许多地方的季节变化，从而有了四季交替。

自转与昼夜交替

自转是地球的一种重要运动形式。地球不停地绕自转轴自西向东自转，平均角速度每秒$7.292×10^{-5}$弧度，在地球赤道上的自转线速度为每秒465米。各种天体东升西落的现象都是地球自转的反映，昼夜交替就是地球自转的结果。地球自转是最早用来作为计量时间的基准（日）。20世纪以来，天文学确认地球自转速度是不均匀的，从而出现了历书时和原子时。地球自转速度有三种变化：长期减慢、不规则变化和周期变化。根据地球自转的长期减慢理论推算，3.7亿年以前，每年约有400天。引起地球自转的长期减慢的主要原因可能是潮汐摩擦。周期变化主要是由风的季节性变化引起的。地球自转变化，还包括地球自转轴方向的变化。自转轴在空间的运动就是岁差和章动，自转轴在地球本体内的运动就是极移。

由于地球是一个不透明的球体，所以被太阳光照射的半个球面形成白昼（即昼半球）；而背着太阳光的另外半个球面则是黑夜（即夜半球）。由于地球自西向东不停地自转，这样便产生了昼夜更替的现象。

世界时

世界时是以地球自转运动为标准的时间计量系统。地球自转的角度可用地方子午线相对于天球上的基本参考点的运动来度量。为了测量地球自转，人们在天球上选取了两个基本参考点：春分点和平太阳。

以春分点作为基本参考点，由春分点周日视运动确定的时间，称为恒星时。某一地点的地方恒星时，在数值上等于春分点相对于这一地方子午圈的时角。以平太阳作为基本参考点，平太阳时的基本单位是平太阳日，一个平太阳日包含24个平太阳小时。1960年以前，世界时曾作为基本时间计量系统被广泛应用，由于地球自转速度变化的影响，它不是一种均匀的时间系统。但它与地球自转的角度有关，所以对日常生活、天文导航、大地测量和宇宙飞行器跟踪等仍是必需的。

本初子午线

19世纪以前，许多国家采用通过大西洋加那利群岛耶罗岛的子午线作为测量标准。19世纪上半叶，很多国家又以通过本国主要天文台的子午线为本初子午线。这样一来，在世界上就同时存在几条本初子午线，给后来的航海及大地测量带来了诸多不便。为了协调时间的计量

和确定地理经度，1884年在华盛顿举行的国际子午线会议决定，采用英国伦敦格林尼治天文台（旧址）埃里中星仪所在的子午线作为时间和经度计量的标准参考子午线，称为本初子午线，因为规定它的经度为零，又称零子午线。

这条子午线作为计算地理的起点和世界标准"时区"的起点。后来这一天便定为"国际标准时间日"。经度值自本初子午线开始，分别向东、西计量，各自0~180°或者各自0~12时。本初子午线以东为东经，以西为西经，全球经度测量均以本初子午线与赤道的交点作为经度原点。1957年后，格林尼治天文台迁移台址，国际上改用若干个长期稳定性好的天文台来保持经度原点，由这些天文台原来的经度采用值反求各自的经度原点，再对这些经度原点进行统一处理，最后求得平均天文台经度原点，并把通过国际通用原点和平均天文台经度原点的子午线称为本初子午线。

时区与区时

为了有一个统一的时间标准，

1884年在华盛顿召开的一次国际经度会议上，规定将全球划分为24个时区。时区的划分是以本初子午线为标准线，它们是中时区（零时区）、东1~12区，西1~12区。每个时区横跨经度15°，时间正好是1小时。最后的东、西第十二区各跨经度7.5°，以东、西经180°为界。每个时区的中央经线上的时间就是这个时区内统一采用的时间，称为区时。相邻两个时区的时间相差1小时。例如，我国东8区的时间总比泰国东7区的时间早1小时，而比日本东9区的时间晚1小时。因此，出国旅行的人，必须随时调整自己的手表，才能和当地时间相一致。凡向西走，每过一个时区，就要把表调慢1小时；凡向东走，每过一个时区，就要把表调快1小时。

时区是一种理想上的标准时间制度。实际上，时区的界线并不完全按照经线，而往往是参照各国的行政区划和自然界线来划分的，各国都是根据自己的需要来确定本国的统一时间。但是全世界多数国家都采用以时区为单位的标准时，并与格林尼治时间保持相差整小时数。

（二）

水循环和降水

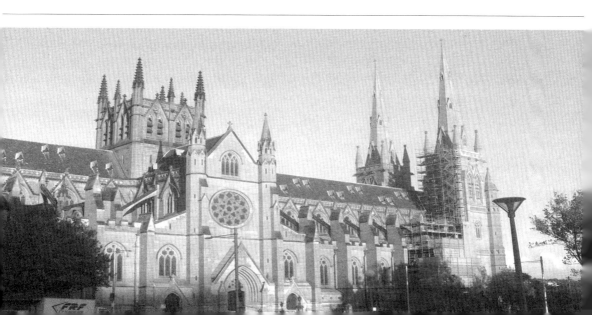

水循环

在太阳能和地球表面热能的作用下，地球上的水不断被蒸发成为水蒸气，进入大气。水蒸气遇冷又凝聚成水，在重力的作用下，以降水的形式落到地面，这个周而复始的过程，称为水循环。

众所周知，水是一切生命机体的组成物质，也是生命代谢活动所必需的物质，又是人类进行生产活动的重要资源。所以水循环有着重要的意义，它维护着全球水的动态平衡；进行能量交换和物质转移，陆地径流向海洋源源不断地输送泥沙、有机物和盐类；对地表太阳辐射吸收、转化、传输，缓解不同纬度间热量收支不平衡的矛盾；造成侵蚀、搬运、堆积等外力作用，不断塑造地表形态。地球上的水分布在海洋、湖泊、沼泽、河流、冰川、雪山，以及大气、生物体、土壤和地层。水的总量约为13.86亿立方千米，其中97%在海洋中，约覆盖地球总面积的70%。陆地上、大气和生物体中的水只占很少一部分。

水系

水系是江、河、湖、海、水库、渠道、池塘、水井等及其附属地物和水文资料的总称。水系一般有以下几种类型——树枝状水系：干支流呈树枝状，是水系发育中最普遍的一种类型，一般发育在抗侵蚀力较一致的沉积岩或变质岩地区。扇形水系：干支流组合而成的流域轮廓形如扇状。这种水系汇流时间集中，易造成暴雨成灾。羽状水系：干流两侧支流分布较均匀，近似羽毛状排列的水系。汇流时间长，暴雨过后洪水过程缓慢。如西南纵谷地区，干流粗壮，支流短小且对称分布于两侧，是羽状水系的典型代表。平行状水系：支流近似平行排列汇入干流的水系。当暴雨中心由上游向下游移动时，极易发生洪水。格子状水系：由干支流沿着两组垂直相交的构造线发育而成的。如闽江水系。此外还有梳状水系，即支流集中于一侧，另一侧支流少。放射状水系及向心状水系，前者往往分布在火山口四周，后者往往分布在盆地中。通常大河由两种或两种以上水系组成。

流域

流域是指由分水线所包围的河流集水区。分地面集水区和地下集水区两类。如果地面集水区和地下集水区相重合，称为闭合流域；如果不重合，则称为非闭合流域。平时所称的流域，一般都指地面集水区。

一般说来，每条河流都有自己的流域，一个大流域可以按照水系等级分成数个小流域，小流域又可以分成更小的流域等。另外，也可以截取河道的一段，单独划分为一个流域。流域之间的分水地带称为分水岭，分水岭上最高点的连线为分水线，即集水区的边界线。处于分水岭最高处的大气降水，以分水线为界分别流向相邻的河系或水系。

地下水

广泛地说，埋藏于地表以下的各种状态的水，统称为地下水。大气降水是地下水的主要来源。

根据地下埋藏条件的不同，地下水可分为上层滞水、潜水和自流水三大类。上层滞水是由于局部的

隔水作用，使下渗的大气降水停留在浅层的岩石裂缝或沉积层中所形成的蓄水体。潜水是埋藏于地表以下第一个稳定隔水层上的地下水，通常所见到的地下水多半是潜水。当潜水流出地面时就形成泉。自流水是埋藏较深的、流动于两个隔水层之间的地下水。这种地下水往往具有较大的水压力，特别是当上下两个隔水层呈倾斜状时，隔层中的水体要承受更大的水压力。当井或钻孔穿过上层顶板时，强大的压力就会使水体喷涌而出，形成自流水。

水圈

众所周知，水是一切有机物的生长要素，也是生命的母亲，如果地球上没有水，也就没有生命。水圈是地球表层水体的总称。水体是指由天然或人工形成的水的聚积体，例如海洋、河流（运河）、湖泊（水库）、沼泽、冰川、积雪、地下水和大气圈中的水等。这些水体形成一个断断续续围绕地球表层的水壳即水圈。水圈同大气圈、岩石圈和生物圈共同组成地球外壳最基本的自然圈层。水圈中水的总体积约为13.86亿方千米，海洋占总水体的97%，冰占2.1%，陆地水占

0.6%。若将水圈中的水均匀平铺在地球体表面，水深约 2718 米。水圈处于连续的运动状态。大气圈水的更新约为 8 天，河水约为 16 天，土壤水约为一年，深部地下水为 1400 年，大洋为 2500 年，极地冰川为近 1 万年。海洋是水圈中最大的水体。大陆冰盖、冰川和永久积雪是水圈中最大的淡水水体。若全球大陆冰雪全部消融，现在的洋面将升高约 70 米，并引起全球水循环的变化。

降水

降水指的是从云雾降落到地面的液态水或固态水。它是水循环的重要组成部分，常见的形式有雨、雪、雹等。降水的形成主要决定于上升气流的强弱和水汽供应量是否充足。例如：湿的空气与冷空气交汇，促使暖湿空气被冷空气强迫抬升，或由暖湿空气沿锋面斜坡爬升，会产生降水；夏日的地方性热力对流，使暖湿空气随强对流上升形成小型积雨云和雷阵雨；地形的起伏，使其迎风坡产生强迫抬升，也会产生降水，但这是一个次要因素。一般情况下，它和前两种过程结合影响降水量的地理分布。

降水按性质又可分为连续性、阵性和间歇性降水。连续性降水持续时间较长，降水强度变化不大；阵性降水开始和停止都比较突然，降水强度变化较大；间歇性降水的降水强度较弱，并伴有长时间的断续现象。

雨

众所周知，雨是一种常见的自然现象。雨有很多种类，除了我们平时常见的雨外，还有酸雨、有颜色的雨。另外还有许多有趣的雨，例如：蛙雨、铁雨、金雨，甚至钱雨，它们都是龙卷风的杰作。那么雨是怎样形成的呢？

地球表面的水受到太阳光的照射后，达到一定的温度后就会变成水蒸气被蒸发到空气中去。水蒸气在高空遇到冷空气便凝聚成小水滴。这些小水滴都很小，直径只有 0.01~0.02 毫米，最大也只有 0.2 毫米。它们又小又轻，被空气中的上升气流托在空中。这些小水滴要变成雨滴降到地面，它的体积大约要增大 100 多万倍。这些云滴互相碰撞，体积便会增大，另外凝结和凝华也会使小云滴体积增大。在雨滴形成的初期，云滴主要依靠

不断吸收云体四周的水汽来使自己凝结和凝华。如果云体内的水汽能源源不断地得到供应和补充，使云滴表面经常处于过饱和状态，那么，这种凝结过程将会继续下去，使云滴不断增大，成为雨滴。但有时云内的水汽含量不够多，同一块云里水汽往往供不应求，这样就不可能使每个云滴都增大为较大的雨滴，有些较小的云滴被归并到较大的云滴中去。如果云内出现水滴和冰晶共存的情况，那么，这种凝结和凝华增大过程将大大加快。大云滴的体积和重量会不断增加，当大云滴越长越大，最后大到空气再也托不住它时，便从云中直落到地面，成为我们常见的雨水。

降水量

所谓降水量指的是从天空降落到地面上的液态和固态（融化后）的降水，没有经过蒸发、渗透和流失而在水平面上积聚的深度。把一月内的降水量相加，为月降水量，一年内的降水量相加，为年降水量。一般气象上用降水量来区分降水的强度。它的单位是毫米。可分为：小雨、中雨、大雨、暴雨、大暴雨、特大暴雨，小雪、中雪、大雪和暴雪等。

世界雨极

世界雨极，顾名思义就是世界上雨下得最多的地方。那么它指的是哪里呢？1816年，位于世界屋脊喜马拉雅山南麓的印度阿萨密邦的乞拉朋齐，一年里下了20447毫米的雨量，夺得了世界"极"雨的称号。以后来自世界各大洲的年雨量记录，都对这个数字可望而不可即。时隔99年以后，就是1960年8月到1961年7月乞拉朋齐一次降水量26461.2毫米，这是一个十分惊人的数字，它比台湾省火烧寮于1912年创造的我国"雨极"的纪录8408毫米多了18053.2毫米，比北京42年的总降水量还多。乞拉朋齐以这个"优异的成绩"打破了它自己的纪录，获得了世界"雨极"的荣誉！

雪

地球上的水是在不断循环运动的，降水是水循环的一部分。这种降水一般分为两种：一种是液态降水，就是雨；另一种是固态降水，

低。也就是说，水滴必须在相对湿度（相对湿度是指空气中的实际水汽压与同温度下空气的饱和水汽压的比值）不小于100%时才能增长；而冰晶呢，往往相对湿度不足100%时也能增长。例如，空气温度为-20℃时，相对湿度只有80%，冰晶就能增长了。气温越低，冰晶增长所需要的湿度越小。因此，在高空低温环境里，冰晶比水滴更容易产生；另一个是空气里必须有凝结核。所以我们有时会见到天空中有云，却不见降雪。

凝结核是一些悬浮在空中的很微小的固体微粒，最理想的凝结核是那些吸收水分最强的物质微粒。比如说海盐、硫酸、氮和其他一些化学物质的微粒。

就是我们冬天所见到的美丽的雪花或冰雹。

在天空中运动的水汽想要结晶，形成降雪必须具备两个条件：一是水汽饱和。空气在某一个温度下所能包含的最大水汽量，叫做饱和水汽量。空气达到饱和时的温度，叫做露点。饱和的空气冷却到露点以下的温度时，空气里就有多余的水汽变成水滴或冰晶。因为冰面饱和水汽含量比水面要低，所以冰晶生长所要求的水汽饱和程度比水滴要

雪线

雪线是一种气候标志线，也称为固态降水的零平衡线。雪线升降是古气候变化的重要标志之一，第

四纪时期几次大的气候波动，出现冰期和间冰期，都引起雪线的大幅度升降。雪线高度不仅有空间差异，在时间上也有一定变化。空气变冷、变湿，导致雪线降低；反之，引起雪线上升。这种变化有季节性的，也有多年性的。其分布高度主要决定于气温、降水量和地形条件。高度从低纬向高纬地区降低，反映了气温的影响。在高纬度和高山地区永久积雪区的下部界线，称为雪线。在雪线以上，气温较低，全年冰雪的补给量大于消融量，形成了常年积雪区；在雪线以下，气温较高，全年冰雪的补给量小于消融量，不能积累多年冰雪，只能是季节性积雪区；在雪线附近，年降雪量等于年消融量，达到动态平衡。故又称零平衡线。在中国西部，从青藏高原、昆仑山往北到天山、阿尔泰山，雪线高度由 6000 米依次下降到 5500 米、3900~4100 米和 2600~2900 米。再往北到北极地区，雪线降至海平面。在气温相同的条件下，雪线高度取决于年降雪量的多少。

蒸发量

通常情况下，蒸发量是指在一定时段内，水分经蒸发而散布到空中的量。在地球上，由于各地地形和气候的不同，蒸发量的大小也就不同。通常用蒸发掉的水层厚度的毫米数表示，水面或土壤的水分蒸发量可以分别用不同的蒸发器测定。一般温度越高、湿度越小、风速越大、气压越低，则蒸发量就越大；反之蒸发量就越小。测量蒸发的仪器常用的有小型蒸发器、大型蒸发桶和蒸发皿等几种。我国蒸发量最大的地区是青海省的察尔汗盐湖，年平均蒸发量为 3518 毫米。各个大洲的蒸发量从大到小依次为亚洲、非洲、南美洲、北美洲、大洋洲、欧洲。

蒸发不仅与降水相互依存，它们还与地面的河流有关。实际蒸发量与降水量应该是相等的。但在极度干旱的地区降水量很小。那里的地面上没有河流，甚至连干枯的小沟也没有。我国的沙漠地区就是这样的。河流的源头或上游地区的降水量要比实际的蒸发量大。这些多余的水分便形成了河流，并慢慢地流进了海洋或湖泊。

（三）

气压、气团和气旋

气旋

气旋又称"低气压"，是在等压面上具有闭合等压线，中心气压（高度）低于周围的大型涡旋。它近似于圆形或椭圆形，大小不一，很像江河里的旋涡运动。受地转偏向力的影响，在北半球，空气作逆时针旋转；在南半球其旋转方向则相反。大气旋可达三四千千米。小的只有几百千米。一般气旋活动的地方会发生天气变化，可以作为天气预报的依据。通常按气旋形成和活动的主要地区或热力结构进行分类。按地区可分为温带气旋、热带气旋和极地气旋等，如：江淮气旋，是出现在江淮地区的气旋。按热力结构可分为冷气旋和热气旋等，如：东北冷涡，是活动在我国东北地区或其附近的高空大型冷涡。

反气旋

反气旋与气旋相对，又称"高气压"。指的是中心气压比四周气压高的水平空气涡旋。一般存在于海洋和大陆的冬季。在北半球，反气旋区域内的空气为顺时针方向向外流出，在南半球反气旋则呈逆时针方向向外流出。反气旋亦呈圆形或椭圆形，其直径小则几百千米，大到五六千千米。反气旋按生成的地理位置分为温带反气旋、副热带反气旋和极地反气旋。按结构分为冷性反气旋（即冷高压）和暖性反气旋（即暖高压）。如：东亚的蒙古—西伯利亚高压是世界上最强大的冷高压，副热带高压是一个稳定的暖性高压，下沉气流范围较大，它控制的天气一般都是晴朗无云。

热带气旋

热带气旋是一个由云、风和雷暴组成的巨型的旋转系统，它一般丁夏季后期形成于温暖的海洋上，它的能量来自水蒸气冷却凝固时放出的潜热，蕴涵着巨大的能量。我国东南海地区经常出现的"台风"就是热带气旋的一种。热带气旋登陆或者移到温度较低的洋面上，会因为失去温暖而潮湿的空气供应能量，而减弱消散或转化为温带气旋。不同的国家对热带气旋有不同的分类，其强度一般根据平均风速评定，世界气象组织建议使用 10 分钟平均风速。中国气象局把热带气旋分为六类，即：热带低压、热带风暴、

强热带风暴、台风、强台风和超强台风。热带气旋能造成无法估量的人命损失，可以以碘化银使热带气旋螺旋云带的水分过度冷却，令内部眼墙崩塌而降低其强度。但它也能为干旱地区带来重要的降雨。不少地区的每年雨量中的重要部分都是来自热带气旋。

气团

气团指的是在同一时段占据广大空间的大团空气内，水平物理属性（温度、湿度、稳定度）比较均匀，垂直物理属性分布相似，气象要素变化不太剧烈而且天气特点也大致相同的大团空气。气团是比较均匀的大块空气块，其水平尺度达到几百至几千千米，垂直尺度约几千米到十几千米。气团的形成必须具有范围大，性质均匀的下垫面，还须有合适的环流条件。气团的属性不同，有不同的名称。气团按其形成的地理位置分为冰洋气团、极地气团、热带气团和赤道气团。按热力分类，则可分为冷气团和暖气团。不同气团的移动、变性和冲突，常形成大范围内天气的变化。

气压

气压指的是在任何表面的单位面积上空气分子运动所产生的压力，一般用毫米汞柱表示。气压的大小与海拔高度、大气温度、大气密度都有关系。一般随高度升高而递减。气压有日变化和年变化。一般来讲，冬季比夏季气压高。一天中，气压有一个最高值和一个最低值，分别出现在9—10时和15—16时，还有一个次高值和一个次低值，分别出现在21—22时和3—4时。气压日变化幅度较小，一般为0.1~0.4千帕，并随纬度增高而减小。1644年伽利略的学生托里拆利和维瓦尼用汞作了一个试验，证明了一个大气压约760毫米汞柱。第一个"气压计"就是这样做成的。气象观测中常用的测量气压的仪器有水银气压表、空盒气压表、气压计。一个标准大气压相当于标准重力加速度，0℃时760毫米高的垂直水银柱产生的压力。

等压线

在同一水平面上气压相等的各

点连线，叫做"等压线"。通常用等压线分布图表示在同一海拔高度上气压水平分布的状况。把同一时刻各个气象台所观测到的海平面气压值填在一张海平面高度的地图上，然后用平滑的曲线把气压相等的点连接起来，就可用等压线的不同形式表示海平面的气压分布状况，这种地图，画有同一高度的等压线，称为等高面图。在等高面分布图上，低气压延伸出来的狭长区域叫低压槽，犹如地形上的峡谷；高气压延伸出来的狭长区域叫高压脊，犹如地形上的山脊。

气压带的分类

由于大气环流把热量和水汽从一个地区输送到另一个地区，使得高低纬度和海陆地区的水汽得到了交换。由于赤道和极地地区受热不均匀，会形成高气压和低气压，气压梯度的方向指向极地，大气由赤道上空流向两极，从而在高低纬度产生了不同的环流。由于低纬环流在北纬30°附近上空聚积产生下沉气流，使近地面气压增高，形成了副热带高压带；由于中纬和高纬环流的作用，北纬60°附近地面气压降低，形成副极地低压带。这样全球共分为七个气压带，即：赤道低压带、南北半球的副热带高压带、南北半球的副极地低压带、南北半球的极地高压带。

高气压与低气压

高气压简称"高压"，指的是在等压线分布图上，等压线闭合，中心气压高于四周的大气涡旋。在高压区内无锋面存在，因气流分散，高空空气下沉补充，下沉过程中气温升高，相对湿度降低，形成少云、雨和大风天气。高气压中最常见的是冷高压，由地表散热、冷却所造成的。地表降温后，近地面空气温度降低，而周围空气温度较高，空气较轻，所以气流就变成从冷空气吹向周围的方向，形成冷高压中心。位于赤道上的强烈上升气流能形成副热带高气压，天气比较热。

低气压是相对高气压而言的，它的中心气压低于四周大气。气流由四周向中心流动，受地转偏向力影响会形成较大旋涡。空气在上升过程中温度降低，容易出现云雨天气。

锋的分类

锋指的是大气中冷暖气团之间的狭窄而又向冷气团倾斜的过渡带。通常情况下，按锋面两侧冷暖气团的移动方向，分为冷锋、暖锋、准静止锋和锢囚锋。

冷锋：冷气团主动向暖气团靠近的锋，叫冷锋。冷气团的前缘插入暖气团的下面，使暖气团被迫抬升，并逐渐冷却成云致雨。冷锋过境，常出现连续降雨，叫冷锋雨。

暖锋：暖气团主动向冷气团移动的锋，叫暖锋。在暖锋上，暖气团沿冷气团徐徐爬升，冷却凝结产生云、雨，暖锋过境，出现连续降水叫暖锋雨。

准静止锋：势均力敌的冷暖气团相遇，或受地形阻挡，锋面移动缓慢，或较长时间徘徊在一个地区，常造成阴雨连绵的天气。

锢囚锋：由于冷锋移动速度远快于暖锋，冷锋赶上暖锋后，把冷空气抬离地面，近地面层冷暖锋合并形成的一种锋。

（四）

天气系统

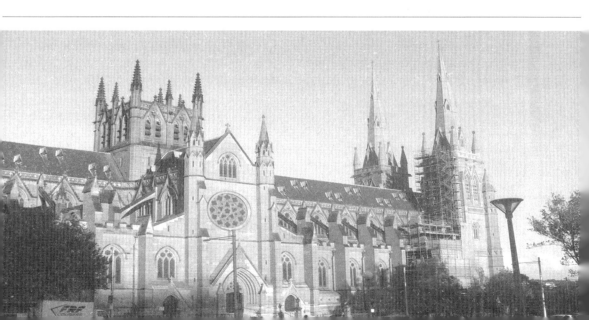

天气系统

天气系统指的是按照气象要素的空间分布而划分的具有典型特征的大气运动系统。它是一个显示大气中天气变化以及分布的独立系统。不同的天气系统会形成不同的天气，多种天气系统的组合会构成大规模的天气系统。天气系统的发生、发展、减弱和消亡都与天气形势有着密切的关系。

天气系统通常指气压空间分布所组成的系统，按气压划分有：高压、低压、高压脊、低压槽等。按风分布的系统划分有：气旋、反气旋、切变线等。按温度划分有：高温区、低温区、锋区等。按天气现象划分：雷暴、热带云团等。这一要素系统同另一要素系统之间常有一定的配置关系。天气系统可以通过各种天气图和卫星云图等分析工具分析出来。

寒潮和强寒潮

所谓寒潮，就是北方的冷空气大规模地向南侵袭我国，造成大范围的急剧降温和偏北大风的天气过程。能使长江中下游及其以北地区48小时内降温10℃以上，长江中下游最低气温低于4℃，陆上有相当于3个大区出现了5~7级以上大风。

强寒潮指的是在48小时内降温14℃以上，大气有3~4个大区出现了5~7级以上大风，沿海以上地区先后出现7级以上大风，这种寒潮称为"强寒潮"。寒潮和强寒潮一般来自于西伯利亚冷空气，几乎每发生一次寒潮和强寒潮，西伯利亚冷空气就会减少一部分。寒潮和强寒潮爆发在不同的地域环境有不同的特点，而且影响范围广。寒潮和强寒潮通常带来严寒、大风、霜冻等天气，是我国冬半年主要的灾害性天气。寒潮带来的雨雪和冰冻天气对交通运输危害很大。

雷

闪电是雷雨云中聚积的电荷达到一定数量时，在云内不同部位之间或者云与地面之间就形成了很强的电场从而产生的放电现象。这时周围空气受热而突然膨胀，云滴也会由于受到较高的热量而突然汽化膨胀，从而发出巨大的声响，这就是我们听到的"雷鸣"。

雷是伴随着闪电同时发生的，听起来，雷声可以分为三种：一种是清脆响亮，像爆炸声一样的，一般叫做"炸雷"；另一种是沉闷的轰隆声，叫做"闷雷"。还有一种低沉而经久不衰的隆隆声，有点像推磨时发出的声响，人们常把它叫做"拉磨雷"，实际上是闷雷的一种形式。雷电会对人体造成很大的伤害，有电流的直接作用和超压或动力作用，以及高温作用。人遭雷击的一瞬间，电流迅速通过人体，重者可导致心跳、呼吸停止。雷击时产生的是火花，也会造成不同程度的皮肤烧灼伤。雷电对建筑物也有很大的破坏力。

闪电

当雷雨云中聚积的电荷达到一定数量时，在云内不同部位之间或者云与地面之间就形成了很强的电场。电场强度平均可以达到几千伏特/厘米，局部区域可以达到1万伏特/厘米。这么强的电场足以把云内外的大气层击穿，于是在云与地面之间或是云的不同部位之间或不同的云块之间激发出耀眼的闪光，这就是我们所说的"闪电"。

闪电是大气中脉冲式的放电现象，一次闪电由多次放电脉冲组成，这些脉冲的间歇时间都很短，只有百分之几秒，脉冲一个接着一个，后面的脉冲就沿着前面的脉冲通道行进，于是我们就看到了接连不断的闪电。闪电有好几种形状，最常见的有线状（枝状）闪电和片状闪电。线状闪电有耀眼的光芒和很细的光线，整个闪电像向下悬挂的枝杈。片状闪电是一种比较弱的放电现象。球状闪电比较罕见。闪电对人类也会产生巨大的危害，比如：闪电击中森林，会引起火灾。一些高山地区，每年都有被电击致死的人畜。

虹

虹是大气中一种光的现象，太阳光线通过大量小球形的水珠时，发生折射和反射后到达人的眼睛，形成了色彩分开的虚像，这就是虹。虹是"日照雨"的产物，它只在太阳高度比较低的情况下才能形成，并且只能出现在与太阳相反的方向。清晨或傍晚在太阳对面的雨幕背景上，由外圈到内圈呈红、橙、黄、绿、蓝、靛、紫七种颜色。这就是我们在雨过天晴之后看到的"彩

虹"。频率高的光波折射的程度要大于频率低的光波，于是彩虹中红色在外，紫色在内，中间有各色光带。虹的宽度和雨滴的大小有关，一般情况下，雨滴越大，虹越窄，色彩越鲜明。通常可以用虹的大小和宽度来判断雨滴的大小。

冰雹

冰雹是一种从强烈发展的积雨云中降落下来的冰块或冰疙瘩，人们通常称它为"雹子"。夏季或春夏之交最为常见，小如绿豆，大似栗子，特大的甚至比柚子还要大。冰雹的内部很不均匀，中间有一个核，叫雹核，主要是由霰粒或软雹构成，也有由大水滴缓缓冻结而形成透明冰核的。雹核的外面交替地包裹着几层透明和不透明的冰层，有时有十多层甚至更多，冰层中还夹杂着大小不同的气泡。冰雹和雨雪一样都是从云里掉下来的，但是下冰雹的云是一种发展十分强烈的积雨云，而且只有发展强烈的积雨云才能降冰雹。冰雹可以根据大小分为：冰雹：是直径在 5 毫米以上的冰块；软雹：结构松散，重量轻，容易碎；冰丸：直径在 5 毫米以下的固体小冰块或小冰球。

霞

霞指的是在日出或日落的时候天空及云层上因日光斜射而出现的彩色光象或彩色的云。太阳光斜射时，通过空气层的路程比较长，受到大气中分子的散射急剧减弱，波长较短的紫色、靛色、蓝色等减弱的比较多，其中红色或橙色光减弱的最少。这些减弱后的彩色阳光，照射在天空和云层上，就形成鲜艳夺目的彩霞。人们通常在一天中的早晨或傍晚能看到霞。这些霞有时候有一定的天气预兆。早晨太阳还没有升到地平面以上时，有一部分阳光通过大气的折射到达地面，这时天蒙蒙亮。如果这时出现霞被称为"朝霞"。傍晚太阳落山后还有一部分余光，这时也会发生折射，此时若出现霞，被称为"晚霞"。

雾及其种类

雾是一种天气现象，是层云的一种形式。一般出现在秋冬季节。它是悬浮在近地面层中的大量水滴或冰晶，使水平能见度小于 1 千米的现象。雾的形成需要具备两个基

本条件：一是近地面空气中的水蒸气含量充足，一是地面气温比较低。一般冬季和初春，冷暖空气交汇，在其交界处极容易形成有大雾的灰蒙蒙的天气。

根据雾的形成原因不同，一般可以分为辐射雾和平流雾等。辐射雾是指地面空气因夜间辐射散热冷却达到水汽饱和状态后形成的，这种雾大多出现在晴朗、微风、近地面水汽又比较充沛的夜间或早晨。陆地上出现较多，尤其在山谷和低地常见。平流雾是由于空气水平运动造成的。雾也是以一种灾害性天气，它会造成很多交通事故，给飞行航运带来很大的不便。

露

露是空气中水汽以液滴形式液化在地面覆盖物体上的液化现象。空气中的水汽凝附于地面或近地面物体上的小水珠，因物体表面温度降低使附近气温降低到露点以下（但高于0℃）产生凝结形成的，如果温度持续降至0℃以下时，露滴冻结成冰珠，称为"冻露"。等太阳出来以后，地表温度逐渐升高，露就会液化直到蒸发。露常形成于夏秋之交晴朗、微风的夜晚或清晨。

露在高压中心附近形成，所以露出现多为晴天。露有益于农作物的生长。在我国北方的夏季，由于蒸发很快，遇到缺雨干旱时，农作物的叶子有时白天被晒得蜷缩发干，但是夜间有露，叶子就又恢复了原状。另外露还是一些动物生存的"水源"，比如：夏天树上有知了不停地鸣叫，它们便喝早晨的露水。

霜及霜冻

在寒冷季节的清晨，草叶、土块上常常会覆盖着一层霜的结晶，它们在初升的阳光下闪闪发光，待太阳升高后就融化了，这种现象常常被称为"下霜"。霜的形成与当时的天气条件和所附着物体的属性都有关系。当物体表面的温度很低，而物体表面附近的空气温度却比较高时，那么空气和物体表面之间就有一个温度差，如果物体表面与空气之间的温度差主要是由物体表面冷辐射造成的，在较暖的空气、比较冷的物体表面接触时，空气就会冷却，达到水汽过饱和时多余的水汽就会析出。如果温度在0℃以下，多余的水汽就会在物体表面凝华成冰晶，这就是霜。霜多出现在早春、晚秋和冬季寒潮过后，晴朗无风的

夜晚或清晨。霜后一般天气晴朗，所以有"霜重见晴天"的农谚。在天气严寒的时候或者在背阴的地方，霜能终日不化。这种时候形成霜的同时会产生冻害，这就是"霜冻"。霜冻的出现会给一些耐寒性较差的农作物带来一定的影响，如：棉花结桃时，遇到霜冻，就会影响它的继续生长。

无霜期

通常情况下，人们把入春后最后出现的一次霜，叫做"终霜"，入秋后出现的第一次霜，叫做"初霜"。所谓"无霜期"指的是终霜之后、初霜之前这一段没有霜出现的时期。不同的地方，无霜期的长短也不同，如：我国北方无霜期短，越往南越长。一个地区无霜期的长短主要与这个地区寒冷季节的长短有关。寒冷季节长的地区，它的"终霜"结束时间迟，"初霜"开始时间早，无霜期就比较短；与此相反，寒冷季节短的地区，它的"终霜"结束时间早，"初霜"开始时间迟，无霜期就比较长。因为霜是在比较冷的天气里，靠近地面的温度下降到0℃以下时，附着在物体表面的水汽凝结形成的。由于北方地区接受太阳光的热量比南方少，距离冷空气源地比较近，所以北方地区全年无霜期比南方短。

霓

我们在夏天的雨后经常能见到美丽的彩虹，有时在虹的外侧还能看到第二道虹，它的颜色比第一道虹要淡，并且颜色排列的顺序是外紫内红，这就是霓，又被称为"副虹"。虹和霓都是光线通过水滴发生折射和反射等物理过程而形成的大气光象。霓便是被水珠折射两次和反射两次而形成的。虹和霓大多出现在有"太阳雨"的时候，因为这时空气中有很多的小水珠，它们遇到太阳便会发生折射和反射，而且比较容易发生两次折射和反射，形成美丽的虹和霓。

霾

"霾"字是用来表示有风沙的天气的，有"风而雨土为霾"之说。在气象学中霾是一种天气现象，是指大量极细微的干尘粒均匀地浮游在空中，使水平能见度小于10千米的空气普遍浑浊的现象。霾可以

使远处光亮物体微带黄、红色，使黑暗物体微带蓝色。当水汽凝结加剧、空气湿度增大时，霾就会转化成雾。霾的形成与污染物的排放密切相关，城市中机动车尾气以及其他烟尘排放源排出粒径在微米的细小颗粒物，停留在大气中，当逆温、静风等不利于扩散的天气出现时，就会形成霾。在我国的部分区域存在着4个灰霾严重地区：黄淮海地区、长江河谷、四川盆地和珠江三角洲。霾会给人类的出行带来一定的不便。

云及其形成

天空中有时晴朗无云，有时白云朵朵，那么什么是云？云是怎样形成的呢？

云就是飘浮在空中的许多细小的水滴或冰晶，有时是小水滴或冰晶的混合体，有时也包含一些较大的雨滴和冰、雪粒。云的形成主要是由空气上升绝热冷却导致水汽凝结造成的。从地面向上十几千米这层大气中，越靠近地面，温度越高，空气也越稠密；越往高空，温度越低，空气也越稀薄。江河湖海以及土壤、动植物的水分随时都蒸发到空气中变成水汽，水汽从蒸发表面进入低层大气后，这里的温度高，所容纳的水汽多，如果这些湿热的空气被抬升，温度就会逐渐降低，到了一定高度，空气中的水汽就会达到饱和，空气继续被抬升，就有多余的水汽析出。那里的温度如果

高于 0℃，多余的水汽就会凝结成小水滴；如果低于 0℃，多余的水汽就凝化成小冰晶。这些小水滴和小冰晶继续增多并达到人眼能辨认的程度时，便是我们见到的天空中的云了。

云与天气

云与天气有着密切的关系，一般云可以分为三类：积云、层云和卷云。我们根据云的形状、来向、移速、厚薄、颜色等的变化，可以看云识天气，民间很多谚语总结了这方面的经验。比如："棉花云，雨快临"：棉花云指的是絮状的高积云，出现这种云表面中层大气很不稳定，如果空气中水汽充足并有上升运动，就会形成积雨云，将会有雷雨降临。云的颜色可以预兆天气灾害。冰雹云的颜色是先顶白后底黑，而后云中出现红色，形成白、黑、红色乱绞的云丝，云边呈土黄色。黑色是阳光透不过云体所造成的；白色是云体对阳光无选择散射或反射的结果；红、黄色是云中某些云滴对阳光进行选择散射的结果。有时云雨也呈现淡黄色，但云色均匀，不乱翻腾。还有的云是预示要下冰雹的。地震发生之前，天空的云也会发生奇异的变化，向人们发出警报。

云量

云量指的是云遮蔽天空视野的成数。估计云量的地点必须能见全部天空，当天空部分为障碍物如山、房屋等所遮蔽时，云量应从未被遮蔽的天空部分中估计；如果一部分天空为降水所遮蔽，这部分天空应作为被产生降水的云遮蔽来看待。中国的云量采用 10 成制。例如：全天无云，总云量记 0；天空完全为云所遮蔽，记 10；云占全天 1/10，总云量记 1；云占全天 2/10，总云量记 2，其余以此类推。云量观测包括总云量和低云量。总云量是指观测时天空被所有的云遮蔽的总成数，低云量是指天空被低云族的云所遮蔽的成数，均记整数。低云量的观测与记录和总云量相同。

云海

云海一般出现在海拔几千米的高山上，云海的云底高度一般在 1000 米左右，属于低云。云海中云的厚度一般为几十到三四百米，

比较均匀，对流不强。结构比较稳定，所以它能绵延千里，极为广阔。日出和日落时形成的云海往往是彩色的，这种云海最为壮观。例如：我国峨眉山多雾，经常出现云海，雾与云海汇合在一起，云海中浮露出许多岛屿，云腾雾绕，白浪滔滔，仿佛仙境一般。我国黄山地势山高谷低，经常云雾缭绕，每年11月到次年3月都会形成非常壮观的云海。黄山周边许多山也都有云海，但是数黄山云海最为奇特。这也是黄山一道独特的风景。

梭子云

梭子云呈白色，中间厚，边缘比较薄，有着分明的轮廓，孤立分散，不与其他云连接，形状像豆荚或呈柠檬状，极像梭子，所以被称为"梭子云"。梭子云是一种比较罕见的云，当中空气流快速越过山顶或崎岖的山地时，由于受这些地形的影响，会形成样式、形状各异的荚状云层，这便是我们常说的梭子云。梭子云很稳定，能固定在一个位置，即使有再大的风也不会被吹散。

地震云

地震云一般发生在中强地震前，是一种与地震相关的云图变化现象。有时出现在凌晨或傍晚。地震即将发生时，因地热聚集于地震带，或因地震带岩石受强烈应力作用发生激烈摩擦而产生大量热量，这些热量从地表逸出，使空气增温产生上升气流，这气流于高空形成"地震云"，地震云有白色、灰色、橙色、橘红色等，一般呈稻草状或带状。如果这种云出现在天空长时间不散，说明当地很有可能爆发有感地震。这种云的垂直方向一般就是地震源所在的地方。比如：1948年的日本地震和1976年我国的唐山大地震都有人发现了地震云。

火烧云

在日出或日落的时候，我们经常能看到天边的云彩通红一片，像火烧的一样，这便是我们通常所说的"火烧云"。出现在早晨的又称为"朝霞"，出现在晚上的又称为"晚霞"。这种云的红色是由于空气中的尘埃粒子和水汽对阳光折射造成的。

清晨太阳从东方升起，或者傍晚太阳落山的时候，太阳光散射到地面上，穿过的空气层要比中午太阳当顶的时候厚一些。太阳光中的黄、绿、青、蓝、紫几种光，由于波长较短很容易被散射掉了，不能穿过空气层。只有红、橙色光由于波长比较长可以穿过空气层出来，于是将天边染成了红色。

夜光云

夜光云经常出现在高纬度地区，多在 70~90 千米的高空，一般呈波状，发光而透明。常出现在太阳落山 30~60 分钟后，当太阳在地平线以下 6°~16° 时西方的天空。云层厚度一般不足 2000 米，面积可以达到 300 万平方千米。夜光云一般呈淡蓝色或银灰色，这种颜色是夜光云中的冰晶颗粒散射太阳光造成的。关于夜光云的成因还有许多争议，一般认为它主要是由极细的冰晶构成。由于夜光云越来越多，科学家怀疑这种云是否与天气变化有关，于是美国宇航局在加利福尼亚州范登堡空军基地成功地发射了一枚 AIM 探测卫星，用来观测"夜光云"现象，并研究这种现象对天气的变化是否有影响。

看风识天气

风的不同可以反应不同的天气

变化，所以我们可以看风识天气。一般情况下，东南风为云雨的产生提供了丰富的水汽，只要一有上升的机会一般会降雨；晴天刮西北风预示着继续晴冷无雨，雨天刮西北风预示不久会雨消云散；在温带地区，地面上如果有两种对吹的风，它们往往是两种规模大、范围广、湿度和温度不同的冷气流和暖气流，它们相遇的地带会形成锋面，这一带就会电闪雷鸣，风狂雨骤；在东北风中开始的降雨，下得时间长，雨量比较大；在雨天，如果风向转为偏西，天气大多转晴。另外，相同的风也不一定出现相同的天气，看风识天气还要看具体条件。比如：季节、风速和地方性。在不同的地区，有时候风速和风向都有不同的日变化规律，这种正常的规律并不反映天气系统的影响，人们称之为"假风"。

天气图

天气图指的是一种填有各地同时间的气象观测记录，能反映一定区域天气情况的特制图。天气图可以显示各种天气系统和天气现象的分布及其相互关系，是分析判断天气变化、制作天气预报的基本依据。天气图一般可以分为地面天气图、高空天气图和辅助天气图。地面天气图是以海平面为基准，各地观测的气压必须订正到海平面高度的气压值，以便高度不同的测站相互比较。高空天气图是在高空表示天气形势的方法，一般不用固定高度上的气压分布，而是在一个气压相等的等压面天气图上，分析这个面凹凸不平的状况。辅助天气图可以分为热力学图表、剖面图、变量图等。

（五）

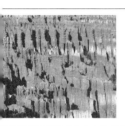   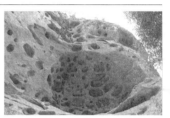

气候系列

气候因子

气候因子是导致气候不同的因素，主要包括以下几种：

纬度位置：地球各地处在不同的纬度，太阳照射的角度就不一样，一般是纬度越低，气温越高；纬度越高，气温越低。所以各地区所处的纬度位置不同，是造成世界各地气温不同的主要原因。

大气圈：大气圈内空气作不同规模的运行，统称为大气环流。在不同气压带和风带的控制下，气候特征，尤其是降水的变化有显著的差异。另外，风带和气压带随季节不断地移动，从而形成各种不同的气候类型。

海陆分布：由于海洋和陆地的物理性质不同，在强烈的阳光照射下，海洋增温比较慢，陆地增温比较快；阳光减弱以后，海洋降温慢而陆地降温快，所以所处的海陆位置不同，形成的气候特征也不同。

气候类型判定

通常情况下，我们可以通过以下两种途径判断气候的类型：

一、根据气候要素来判断气候类型

热带雨林气候：高温多雨，全年皆夏。年降水量都在2000毫米以上。

热带草原气候：有明显的干湿季交替，年降水量在750~1000毫米之间。

热带季风气候：风向随季节变化明显，全年平均气温在20℃以上，年降水量大都在1500~2000毫米。

热带沙漠气候：盛行大陆气团，全年干旱少雨，年降水量不足125毫米，日照强烈，气温极高。

温带季风气候：冬季寒冷干燥，夏季温暖多雨，年降水量在500~600毫米之间。

温带海洋性气候：终年盛行西风，终年湿润，气温年变化小，年降水量一般在700~1000毫米。

温带大陆性气候：干旱少雨，冬季严寒，夏季炎热，气温年变化很大。

地中海式气候：夏季干旱炎热，冬季温暖多雨。年降水量在300~1000毫米。

极地气候：终年寒冷，温度多在0℃以下。

高原气候和高山气候：气温随高度的升高而降低，日照强，风力大。

二、根据地理位置判定其气候类型：

热带雨林气候：大致在南北纬10°之间。主要是非洲刚果河流域。

热带草原气候：南、北纬5°~15°之间。主要在中美、南美和非洲。

热带季风气候：大致在南北纬10°至南北回归线之间。主要分布在非洲中部、菲律宾群岛和澳大利亚大陆北部沿海地带。

热带沙漠气候：大致分布在南、北纬15°~30°之间，以非洲北部、西南亚和澳大利亚中西部分布最广。

温带季风气候：位于北纬35°~55°之间的亚欧大陆东岸。主要包括我国华北和东北、朝鲜的大部、日本的北部以及俄罗斯远东地区的一部分。

温带海洋性气候：分布在大陆西岸，南、北纬40°~60°地区。主要分布在西欧、北美和南美大陆西海岸。

温带大陆性气候：位于北纬40°~65°之间。主要在北美大陆东部和亚欧大陆温带海洋性气候区的东侧。

地中海式气候：位于副热带纬度的大陆西岸，在纬度30°~40°之间。主要分布在澳大利亚大陆和非洲大陆西南角。

极地气候：位于极地附近，包括极地苔原气候和极地冰原气候。主要分布在亚欧大陆、北美大陆、南极大陆和格陵兰岛等。

高原气候和高山气候：主要分布在高大的山地和高原地区。

气候的分类

由于纬度的不同，受不同因素

的影响，世界气候主要分为以下几种类型：

一、热带雨林气候：高温多雨；

二、热带草原气候：暖季多雨凉季干燥；

三、热带季风气候：全年高温，夏季多雨；

四、热带沙漠气候：高温少雨；

五、温带季风气候：夏季较暖，冬季较温和；

六、温带海洋性气候：冬暖夏凉，年温差小；

七、温带草原气候：夏暖冬寒；

八、温带沙漠气候：夏季炎热干燥，冬季寒冷；

九、亚热带季风气候：夏季高温多雨，冬季低温少雨；

十、地中海式气候：夏季炎热少雨，冬季温暖多雨；

十一、高山高原气候：气温低，降水少；

十二、极地苔原气候：终年严寒，降水少；

十三、极地冰原气候：多暴风雨，气候严寒。

热带雨林气候

热带雨林气候位于各洲的赤道两侧。这种气候变化单调，在赤道气团的控制下，全年都是夏天。自赤道向南、北延伸 5°~10°，如南美洲的亚马孙平原，非洲的刚果盆地和几内亚湾沿岸等。这些地区位于赤道低压带，气流以上升运动为主，水汽凝结致雨的机会多，全年多雨，无干季，年降水量在 2000 毫米以上，最低降水量也超过 60 毫米，雷阵雨较多。各月平均气温为 25℃~28℃，一般早晨晴朗，午前炎热，午后下雨，黄昏雨歇，天气稍凉。年温差小，一般低于 3℃，而平均日较差可达 6℃~12℃。这种气候高温多雨，分配比较均匀，植物可以常年生长，为热带雨林，树种繁多，有众多森林。

热带草原气候

热带草原气候主要分布在赤道多雨气候区的两侧，即南、北纬 5°~15°之间，主要在中美、南美和非洲。这种气候在赤道低压带与信风带交替控制区。全年气温高，具有低纬度高温的特色，最热月出现在干季之后、雨季之前，年平均气温约 25℃。本区气候一般年分干季和湿季。当受信风影响时，盛行热带大陆气团，干燥少雨，形成干季，土壤干裂，草丛枯黄，树木落叶。

与赤道多雨气候相比，干季较长。当赤道低压带控制时期，赤道气团盛行，降水集中，为湿季。在南北半球热带草原气候干湿季相反。这种气候的植物中，稀树高草生长茂盛。

热带季风气候

热带季风气候主要分布在我国台湾南部、雷州半岛、海南岛，以及中南半岛、印度半岛的大部分地区、菲律宾群岛和澳大利亚大陆北部沿海地带。这里全年高温，年平均气温在20℃以上，最冷月一般在18℃以上。在赤道海洋气团控制下，夏季多对流雨，再加上热带气旋过境带来大量降水，所以年降水量大，由于在一些迎风海岸，因地形作用，夏季降水甚至超过赤道多雨气候区。年降水量一般在1500~2000毫米以上。这里有热带季风，形成了明显的干湿季。即在北半球冬季吹东北风，形成干季；夏季吹来自印度洋的西南风，富含水汽，降水集中，形成温季。

热带沙漠气候

热带沙漠气候大致分布在南、北纬15°~30°之间，以非洲北部、西南亚和澳大利亚中西部分布最广。热带干旱气候区常年处在副热带高气压和信风的控制下，盛行热带大陆气团，气流下沉。这种气候炎热、干燥、气温高，最热月平均气温可达30℃左右，有世界"热极"之称。这种气候下降水极少，年降雨量不足200毫米，有时只有数十毫米甚或更少，甚至多年无雨，有强烈的日照，蒸发特别旺盛，使得气候更加干燥，犹如沙漠，所以被称为"热带沙漠气候"。这里自然植被缺乏，风蚀地貌比较显著，是属于荒漠景观。

温带季风气候

温带季风气候位于北纬35°~55°之间的亚欧大陆东岸，包括我国华北和东北、朝鲜的大部、日本的北部以及俄罗斯远东地区的一部分。冬季盛行极地大陆气团，是由于高纬内陆偏北风的影响，这种气候寒冷干燥；夏季受极地海洋气团或热带海洋气团影响，盛行东风和东南风，温暖多雨，年温差较大，年降水量500~700毫米，分配不均，约有2/3集中于夏季。全年四季分明，天气多变，随着纬度的增高，冬季和夏季气温变幅相应增大，而降水逐渐减少。自然植被是落叶阔叶林或针叶与落叶阔叶混交林。

温带海洋性气候

温带海洋性气候分布在大陆西岸，南、北纬40°~60°地区。在西欧最为典型，分布面积最大，在南、北美大陆西岸相应的纬度地带以及大洋洲的塔斯马尼亚岛和新西兰等地也有分布。终年西风盛行，海洋气流吹向大陆，有显著的海洋调节作用，深受海洋气团影响，沿岸又有暖流经过，冬季不太冷，夏季不太热，春季比秋季冷。最冷月平均气温在0℃以上，最热月在22℃以下，年温差和日温差都比较小。全年都有降水，降水量比较均匀，秋冬较多，年降水量在1000毫米以上，在山地迎风坡可达2000~3000毫米以上。这种气候自然植被是温带落叶阔叶林。

温带大陆性气候

温带大陆性气候位于北纬40°~65°之间的北美大陆东部和亚欧大陆温带海洋性气候区的东侧。这种气候又可以分为温带沙漠性气候、温带草原气候、温带森林气候三种类型。这种气候在气温、降水的变化上同温带季风气候有些类似，但风向和风力的季节变化不像温带季风气候那样明显。冬季在大陆性气候控制下，最冷月的平均气温，南部为0℃以下，北部接近-40℃。最热月的平均气温，南部26℃~27℃，北部接近20℃。年降水量从200毫米以下到400毫米左右，北部达300~600毫米。天气的非周期性变化也很大。自然植被由南向北从温带荒漠、温带草原，过渡到亚热带针叶林。

地中海式气候

地中海式气候位于副热带纬度的大陆西岸，在纬度30°~40°之间，它处在热带半干旱气候与温带海洋性气候之间的过渡地带。包括地中海沿岸、美国加利福尼亚州沿

海、南美智利中部沿海、南非的南端和澳大利亚的南端。这些地区冬季在来自海上的温带西风的控制下，潮湿的气团带来了较多的雨水，而夏季则受副热带高压控制，气流由陆地散向四周，不容易降雨，所以气候十分炎热、干燥，气温为 21℃~27℃。全年的降水量一般在 300~1000 毫米之间，夏季的降水量只占全年的 10%左右。冬季受西风影响，温和湿润，气温为 5℃~10℃。年降水量主要集中在冬季。这些地区降水补给的河流冬涨夏枯；植被以耐旱灌丛为主，典型植物是油橄榄。

干燥气候

干燥气候多形成在远离海洋的内陆地区。位于赤道两边纬度 15°~35°之间，一般多出现在沙漠和半沙漠地区。处于这种气候下的天气降水稀少，没有水源。由于缺少水分，干燥气候区的上空总出现蔚蓝的天空和炎热的太阳。沙漠上温差变化很大，白天由于沙子吸收了大量来自太阳的辐射能，气温非常的高，晚上太阳落下，沙子散射又快，气温变得很低。有的沙漠寸草不生，有的沙漠上只有少数的草和带刺的灌木这些抗旱的植物。

山地气候

山地气候是受高度和山地地形影响形成的气候，在这种气候下，气温随高度增加而降低，几乎每上升 100 米，夏季气温下降 0.5℃~0.7℃，冬季下降 0.3℃~0.5℃。气温日变化和年变化在山顶和山坡较缓和，秋季温度高于春季，类似海洋气候，在山谷、盆地中变化剧烈，且春季温度高于秋季，类似大陆性气候。降水量随山地海拔高度的增加而增加。在一定高度以上的山地，由于气流中水汽含量减少，降水量又随高度增加而减少。一般降雨量是迎风坡多于背风坡。山上的风速随山地海拔升高而增大。一般山顶、山脊和峡谷风口处风速大，多出现山谷风。山底和背风处风速小。由于水气压随海拔高度增加而降低，山地上部的湿度高于下部。

极地气候

极地气候包括极地苔原气候和极地冰原气候，极地苔原气候主要分布在北美大陆和亚欧大陆的北部边缘，在南半球则分布在马尔维纳斯群岛、南设得兰群岛和南奥克尼群岛等地。全年都是冬季，年平均气温在 0℃~10℃ 之间，冬季异常寒冷而且漫长，年降水量 200~300 毫米，主要以雪的形式降落。植物稀少，只有地衣、苔藓等低等植物。

极地冰原气候主要分布在极地及其附近地区，北冰洋、南极洲和格陵兰岛的大部分地区。这里是冰洋气团和南极气团的发源地，冬季是极昼，夏季是极夜，太阳光斜照。所得热量微弱，全年气候严寒，各月温度都在 0℃ 以下；南极大陆的年平均气温为 -25℃，是世界上最寒冷的大陆，地面多被巨厚冰雪覆盖，寒风凛冽，寸草不生。

草原气候

草原气候是沙漠气候和湿润气候之间的过渡性气候。主要分布在欧亚大陆和北美大陆的温带地区、南美大陆的亚热带地区，不同地区的草原气候特征都有差异。这种气候下，朝向赤道一侧的热带草原，降雨量偏少，夏季多阵雨，气候比较干燥。朝向中纬一侧的热带草原地区冬季寒冷而漫长，夏季时间比较短促，气温不很高。全年的日照

时间较长，拥有较好的热量条件，适于牧草的生长。最冷月平均温度在 0℃ 以下。由于全年降水量分配不均匀，冬季和春季常发生干旱现象，这对生物的生长有很不利的影响。但是到了夏季，雨量集中，日照充分，有植物生长所必需的水分和热量，这时草木繁茂，形成了辽阔的大草原。冬天，气温低，风比较大，常常造成风雪灾害，影响畜牧业。

荒漠气候

荒漠气候是指降水稀少的地区极其干燥的气候，主要分布在南、北纬 15°~50° 的地带内。在纬度 15°~35° 间，由于副热带高压及由此发源的偏东信风影响，空气下沉增温，偏东信风由高纬向低纬也逐渐增温，空气中水汽远离饱和点，很难成云致雨，因此形成炎热干燥的热带、亚热带荒漠气候，空气干燥，终年少雨或无雨。这种气候下，气温、地温日较差和年较差大。在强烈日照下，白天急剧升温，夜间因强烈辐射冷却而急剧降温。年降水量一般少于 250 毫米，多有风暴，很少有植被。这种气候在欧亚大陆和北美大陆腹地的荒漠和南美

洲的秘鲁沿岸最为典型。荒漠中虽然几乎没有植物，但是在荒漠中，水源充足的地方也会形成少见的"绿洲"。

森林气候

森林气候一般来说指的是森林地区的局部气候，属于中小气候范围。由于大片森林的地理位置、环境条件、面积大小、地形特点、林木种类、林形结构等形成了这种气候。这种气候下，冬暖夏凉，湿润多雨。林内温度变化和缓，年变化和日变化较小，白天林内温度较林外低，夜晚则林内温度较高。不论是人工森林还是原始森林，夏季的平均气温总比周围没有森林的地区月平均气温低2℃左右，日平均气温低3℃左右。冬季的时候，林区的平均气温又比周围没有森林的地区月平均气温高1℃~5℃，日平均气温约高2℃。由于森林有挡风作用，所以森林内风速小，相对湿度和绝对湿度比林外大，易产生雾、露、霜等水汽凝结物。

湖泊气候

湖泊气候多以大型湖泊或水库地区最为明显。由于湖泊水面对太阳辐射的反射率小，水体比热大，蒸发耗热多，使得湖面上的气温变化比周围地面其他部分缓和，因此湖泊周围的气候冬天温暖夏天凉爽，夜间温暖晚上凉爽。例如：贝加尔湖中大乌西根岛1月份平均气温比湖东的巴尔古津高13℃，而7月份低7℃。由于湖面上湿度大，白天湖面上的温度比周围低，空气对流比较弱，所以雷暴多发生于夜间。湖泊和陆地之间存在的温差会形成以一昼夜为周期的湖陆风，这种风夜间从陆地吹向湖泊，白天风从湖泊吹向陆地。由于湖陆风的调节，湖滨地区夏季白天气温偏低，冬季偏高。湖泊对周围地区的气候影响取决于湖泊的面积和湖水深度。并且湖泊面积越大，湖水越深对周围气候的影响越大。

高山气候

由于高山地区地理位置、地势高低、坡谷方位、山峰分布以及其他地域条件的不同导致了气温的不同，这种气候被称为"高山气候"。高山上的气候较平地要显得极端不稳定，变化急剧。这是因为高山上的气温变化迅速，温差比较大。气温随高度的升高而降低，自海平面起，每升高1000米，温度则下降大约6℃。例如：在温度热达30℃，高度达到4000米的高山，却只有10℃左右。但是气压与高度则成反比。高度越高，气压越低。在高山地区，气候差异明显，气候和植被都呈现垂直变化的特征。由于地形起伏和坡度不同，同一山地的气候也会有较大的差异。例如：亚洲的青藏高原、非洲的埃塞俄比亚高原、南美洲的安第斯山等山区都有高山气候。这些地区一般冬季多降霜雪，夏季多热雷雨。降雨时常夹杂着冰雹。

高原气候

高原气候指的是在地势高、地面宽广、起伏平缓的高原面上形成的气候。不同的高原由于地理位置、海拔高度、面积大小和形态等的差异，气候特征也不相同，例如：青藏高原平均海拔高度在3000米以上的地方面积比较大，高原气候特

点较为突出。这种气候下，太阳辐射比较强，年总辐射量大。由于高原的海拔高度大，大气层厚度、空气密度、水汽含量和大气气溶胶含量相应减少，其中紫外线辐射强度尤为显著；受海拔高度的影响，高原上的气温可比同纬度的平原地区高出许多；一般迎湿润气流的高原边缘是一个多雨带，而背湿润气流一面，雨量较少。由于高原地势较高，所以一般多大风，雷雨天气，并夹杂有冰雹。高原上气压较低，一般生活在平原的人初进高原，有时会产生头晕、恶心等现象。

苔原气候

苔原气候属于寒带地区的气候，多分布在欧亚大陆和北美大陆北极圈附近的地区。这种气候下，全年气候寒冷，最热月气温在0℃~10℃之间，一般不会超过12℃，年降水量都在200~300毫米，大部分是以雪的形式降落的，部分冰雪夏季能短期融化。夏季有时日最高气温可升至15℃~18℃，但每月都有霜冻。冬季漫长，白昼短，极端最低温度可达-40℃~45℃。年降水量一般都不到350毫米，主要为气旋性风暴，相对温度大，蒸发

量很小，不利于树木的生长。拥有这些气候的地区树木几乎已经绝迹，只有苔藓、地衣类植物可以生长，只有2~3个月的生长期，所以被称为"苔原气候"。

冰原气候

冰原气候也是极地气候的一种，主要分布在极地及其附近地区，北冰洋、南极洲和格陵兰岛的大部分地区。冰洋气团和南极气团就在这里发源。这里阳光斜射，光照微弱，得到的热量特别少。所以全年气候严寒，各月温度都在0℃以下，气流下沉，降水量稀少，年降水量100毫米左右，都是以雪的形式降落，风速常常在25米/秒以上，最大风速超过100米/秒，常把吹雪称为雪暴。常年冰雪覆盖，植物难以生存。1967年挪威人曾测得这里的绝对最低气温为-94.5℃的，可以和"世界寒极"相提并论。

天气和气候的关系

天气和气候是密切相关的，天气是气候的基础，气候是对天气的概括。天气指的是影响人类活动瞬间气象特点的综合状况，即一个地方在短时间内气温、气压、温度等气象要素及其所引起的风、云、雨等大气现象的综合状况。天气的变化有一定的规律，不同的气团可以形成不同的天气系统，每种天气系统都具有一定的天气特点，所以，掌握天气系统的演变和移动规律就能分析未来天气的变化，就可以得出天气预报。气候是指整个地球或其中某一个地区一年或一段时期的气象状况的多年特点。一个地方的气候特征是通过该地区各气象要素（气温、湿度、降水、风等）的多年平均值及特殊年份的极端值反映出来的。气候是一种最复杂的自然现象，可以供人类利用，突然的天气变化有时候会给人类造成巨大的损失。

（六）

气温和湿度

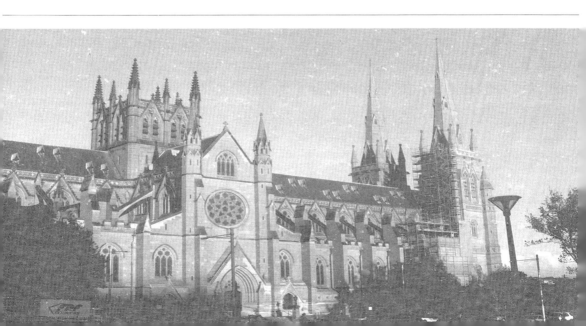

气温变化原因

太阳辐射通过大气时，直接被大气吸收的很少，空气由此增温不显著。太阳辐射被地面吸收后，以地面辐射和对流、湍流、蒸发与凝结等方式将能量传给大气，大气由此而增温，大气与地面之间不断进行热交换，从而引起了气温升高或降低。当空气的热量吸入大于支出时，内能增加，气温则升高；当空气热量支出大于吸入时，内能减少，气温则降低；当空气热量支出与收入相等时，气温保持不变。不同的地区、不同的时间，气温的变化也会有所不同。气温的变化与气候的变化直接相关，也与人类的活动有着联系，比如：越来越多的温室气体的排放，造成的温室效应使得全球气候变暖，当然气温也会升高。

气温日变化

气温日变化指的是以一日为周期的气温变化规律，这种变化离地面愈近愈明显。气温日变化有两种特征：一种是时间，一般一天中的最低气温出现在清晨日出之前，因

为夜间地面热量亏损，清晨太阳还没有出来，没有太阳辐射能，地表温度比较低。最高气温出现在 14 时左右，这时太阳辐射开始减弱，但地面获得的太阳辐射能仍然比地表辐射出去的能量多。一种是气温日较差，一天中最高气温和最低气温的差值称为气温日较差。气温日较差可以反映一个地方的气候特征。它的大小因纬度、地表性质、季节和天气状况的不同而不同。

气温年变化

气温年变化是以一年为周期的气温变化规律，它也有两种特征：一是极值出现的时间：赤道地区一年之中气温变化有两个最高值和两个最低值。最高值出现在春分和秋分之后，最低值出现在冬至和夏至之后。赤道地区以外世界上绝大部分地区，一年中月平均气温有一个最高值和一个最低值。出现的时间由于地区的不同而不同。北半球的气温年变化一般为"先暑后寒"，南半球则为"先寒后暑"。北半球最热月一般出现在 7 月，最冷月出现在 1 月。海洋上则分别出现在 8 月和 2 月。一种是气温年较差：一年中最热月和最冷月平均气温的差值称

为年较差。气温年较差的大小也由于纬度、海陆分布等的不同而不同。

湿度简介

湿度指的是大气湿度，是用来表示空气中水汽含量和潮湿程度的物理量。可以用水汽压、相对湿度、绝对湿度表示。一般最常用的是相对湿度。白天温度高，蒸发快，进入大气的水汽就多，水汽压就大，夜间正好相反。一般每天都有一个最高值出现在午后，一个最高值出现在清晨。在海洋上或者在大陆上的冬季，多属于这种情况。但是在大陆上的夏天，水汽压有两个最大值，一个出现在早晨9—10时，另一个出现在21—22时。在9—10时以后，对流发展旺盛，地面蒸发的水汽被上传给上层大气，使下层水汽减少；21—22时以后，对流虽然减弱，但温度已经降低，蒸发也就减弱了。与这个最大值对应的是两个最小值，一个最小值出现在清晨日出前温度最低的时候，另一个最小值出现在午后对流最强的时候。相对湿度的大小，不但受水汽压控制，还要受温度的控制。气温升高时，虽然地面蒸发加快，水汽压增大，但这时饱和水汽压随温度升高而增大的更多些。

（七）

地 图 系 列

地图的主要类型

地图有多种分类方法:

按照比例尺大小分为: 大比例尺地图、中比例尺地图和小比例尺地图。

按照内容分为: 普通地图和专题地图。其中普通地图是一种通用地图, 图上描绘的是一个地区自然地理和社会经济的一般特征。可以表示水系、居民地、道路网、地貌、土壤、植被等。普通地图又分为地形图和一览图。地形图比较精确, 投影变形小, 可以在图上进行量测。

专题地图适用于某一专业部门的专门需要, 指的是以普通地图为底图, 着重表示其中的某种或几种要素。专题地图通常分为: 自然地图、人口图、经济图、政治图、文化图、历史图等。

按照制图区域范围分为: 世界图、大洲图、大洋图、大海图、国家图、省市区县图等。

按照用途分为: 参考图、教学图、地形图、航空图、海图、海岸图、天文图、交通图、旅游图等。

4 平方厘米、1 平方厘米。

地平面上的八个方向

地平面上的八个方向指的是东、东南、南、西南、西、西北、北、东北这八个方向。一般用这八个方向在地图上表示物体的位置。

地图比例尺

地图比例尺指的是图上某线段的长度与相应实地水平的距离之比。列成公式即：图上长度/相应实际水平距离。地图比例尺常以图形结合文字、数字表示，一般绘注在图廓的下方中央。其中以数字表示的为数字比例尺，它是用比例式或分数式表示的；以图形表示的为直线比例尺。地图比例尺一般有：

大比例尺地图：1:500、1:1000、1:2000、1:5000 和 1:10000 的地图；

中比例尺地图：1:25000、1:50000、1:100000 的地图；

小比例尺地图：1:250000、1:500000、1:1000000 的地图。

例如实地 25 平方千米在 1:100000、1:250000、1:500000 的比例尺地图分别为 25 平方厘米、

地图比例尺的表现形式

传统地图上的比例尺通常有以下几种表现形式：数字式比例尺、文字（说明）式比例尺、图解式比例尺。

数字式比例尺：可以写成比的形式，如：1:10000、1:25000 和 1:50000 等；也可以写成分式的形式，1/10000、1/25000 和 1/50000 等。

文字（说明）式比例尺：可以分为两种，一种是写成"一万分之一"、"五万分之一"、"百万分之一"等。另一种是写成"图上 1 厘米等于实地 1 千米"，"图上 1 厘米等于实地 10 千米"等。

图解式比例尺：可以分为直线比例尺、斜分比例尺和复式比例尺。直线比例尺是以直线段形式表明图上线段长度所对应的地面距离。斜分比例尺又称微分比例尺，是一种根据三角形相似原理制成的图解比例尺。在小比例地图上，由于经纬线的变形不同，为了便于长度的测量，又设计了复式比例尺。

地图注记

地图注记是地图上说明图面要素的名称、质量与数量特征的文字或数字的统称。地图注记由字体、字号或字级、字隔及排列方向、位置、色彩5个因素构成。用不同字体和颜色区分不同事物；用注记的大小等级反映事物分级以及在图上的重要程度；用注记位置以及不同字隔和排列方向表现事物的位置、伸展方向和分布范围。注记字体要遵循明显性、差异性和习惯性这几个原则。地图注记可以分为名称注记和说明注记。

名称注记：指地理事物的名称。例如：山川、江、河、地区、国家、岛屿名称等，并且要求标准化书写。

说明注记：又分为文字注记和数字注记两种。用于补充说明制图对象的质量或者数量属性。如：地形高低、比例、路宽、水深、承压能量等。

等高面图

等高面指的是海拔高度相等的水平面。在同一海拔高度上，各地气压不相等。在地图上，按一定的规则将气压相等的点连接而成的线称为等压线。这种图就是等高面图。通常用的海平面等压线图，就是海拔高度为零的等高面图。

气压系统

在天气图上表现出来的高气压、低气压、高压脊、低压槽和鞍形区统称为气压系统。海平面等压线图由等压线来表示海平面上气压的分布。等压线闭合，中心气压值比四周气压低的区，称为低气压，简称低压。低压向外伸出的狭长区域，称为低压槽。由闭合等压线构成，中心气压值比四周气压高的区，称为高气压，简称高压。高压向外深处的狭长区域便是高压脊。由两个低压和两个高压相对组成的中间区域，称为鞍形气压场。不同的气压系统中天气状况是不同的，因此要作好天气预报，必须正确分析气压系统的发生、发展、移向和移速。

等压面图

等压面图是空间气压相等的各点所组成的面。由于同一高度各地

气压不相等，等压面在空间不是平面，而是像地形图一样起伏不平的。采用绘制地形图的方法，用等高线将等压面投影到平面图上，便构成了等压面图。在等压面图上，由等高线的分布可反映等压面的起伏，表示气压的空间分布状况。等压面的高度不是几何高度，而是位势高度。气象上通常用的等压面图有850百帕、700百帕和500百帕等。不同高度的等压面图组合起来，可以反映大范围地区的高压、低压等天气系统的空间分布状况。

等高线

地面上高度相等的相邻各点之间连成的闭合曲线称为等高线。等高线和等压面图空间气压场的情况一般用等压面图表示。等高线表示地势的起伏，也可以根据等高线的疏密和图形来判断地貌的形态类型和斜坡的坡度陡缓。地形图上的等高线分为首曲线、计曲线、间曲线和助曲线等。首曲线又叫基本等高线，用来显示地貌的基本形态；计曲线又叫加粗等高线，用来计数图上的等高线和判定高度；间曲线又叫半距等高线，用来显示首曲线不能显示的某段局部地貌；助曲线又叫辅助等高线，用来显示间曲线仍然不能显示的地貌。地形图上相邻两条高程不同的等高线之间的高差称为等高距。等高距越小则图上等高线愈密，地貌显示就越详细、越精确；等高距越大则图上等高线就越稀，地貌显示就越粗略。

等深线

在江河、湖泊或海洋中，深度相等的相邻各点连接所成的封闭曲线叫做等深线。在同一条等深线上各点深度相等。在地形图上，等深线可表示海洋或湖泊的深度，海底或湖底地形的起伏。

各国确定深度基准面的方法不同，我国在 1956 年以前采用最低潮面作为深度基准面。1956 年后采用弗拉基米尔理论最低潮面作为深度基准面。潮汐变化不大的江河和湖泊，一般采用设计水位作为深度基准面。水下等深线与陆上等高线正负方向相反，等深线越长表示水越深，即地势越低。在海底地势图上采用细实线加数字注记的方法表示等深线；在航海图上用断续的点线来表示等深线。

地形图

地形图指的是采取实地测量或者根据有关资料编绘，以表示地形为主。地形图的比例尺大于 1∶100万的一种大中比例尺的普通地图。地形图按照比例尺可以分为大比例尺地形图、中比例尺地形图和小比例尺地形图。地形图又称地形一览图，因为图上表示的地形、地物的质量特征和数量特征的概括程度都比较高。地形图的制图区域范围比较小，能比较详细而精确地表示一个地区的地形、土壤、植被和交通路线等。因此我们可以借助地形图初步了解一个地区的地形、地物、自然地理等情况，甚至能初步分析判断某些地质情况，可以利用地形图制作地形剖面图，还可以用地形图选择工作路线，制订工作计划。所以地形图对野外地质工作具有重要意义。

地貌图

地貌图指的是反映一个地区地貌形态、成因或者有关地貌要素的专题地图。它表示的是岩石圈与水

圈、大气圈之间起伏界面的陆地地貌和海底地貌分布状况及其发生与发展规律。另外地貌图还表现地形的成因与时代。地貌图有多种分类，一般按内容和用途可以分为普通地貌图、部门地貌图、实用地貌图等。按性质可以分为地貌类型图和地貌区划图。它图像清晰，层次丰富，图例简明。

地理坐标

地理坐标指的是用地理经度和地理纬度表示地面上点的位置的球面坐标。我们经常将地球近似地看做一个球体，那么地理坐标系的基圈是地球赤道，它相当于平面直角坐标系中的横轴。基圈是 0°经线，即本初子午线。相当于平面直角坐标系中的纵轴。而经纬网就是加在地球表面的地理坐标参照系格网，经度和纬度是从地球中心对地球表面给定点量测得到的角度，经度是东西方向，而纬度是南北方向，经线从地球南北极穿过，纬线便是平行于赤道的环线。例如：我国首都北京位于北纬 40°和东经 116°的交点附近，昆明位于北纬 25°和东经 103°的交点附近。

（八）

风 系 列

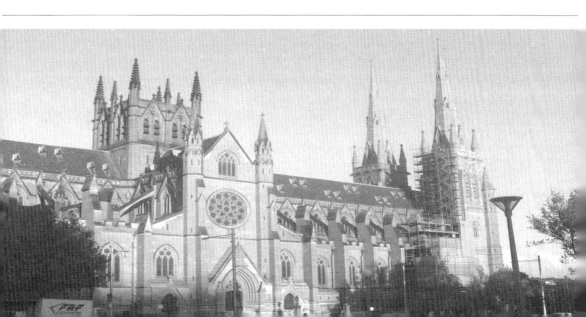

风的形成

风是大气运动的一种表现形式，近地面空气有些地方比较冷，有些地方比较热。热空气膨胀变得比较轻，就会往上升，这时附近的冷空气就会过来填补，冷空气填进来以后遇热又上升，这样冷空气就会不断地流动，便形成风。大的空气团的流动按其流动方向，上下流动叫垂直运动，左右流动叫水平运动。而小块的空气流动没有方向。气象学上空气极其不规则，杂乱无章的运动称为湍流，空气的垂直运动叫做对流。空气的水平运动和有水平分量的空气流动才称为风。空气从高气压的地方流向低气压的地方，而且只要有气压差存在，空气就一直向前流动，这就是风。所以风是气压梯度力作用的结果。

风向

风向指气流的来向，用风向标测定。一定时间内（日、月、年）出现次数最多的风向，叫最多风向。习惯上我们用风向来称呼风的名称，如从北边吹来的风称为"北风"，从西北方向吹来的风称为"西北风"等。风向常以八个或十六个方位来表示。当风在某个方向摇摆不能确定时在前面加"偏"字。

我国通常采用八个方位来预报风向，如在方位337°05′~22°05′间吹来的风叫做北风，22°05′~67°05′吹来的风叫做东北风等。作大范围的天气预报时，有时也可以听到偏北风、偏西风等名称，此时是以四个方位表示风向的，此时315°~45°间吹来的风叫做偏北风；45°~135°间吹来的风叫做偏东风；135°~225°间吹来的风叫做偏南风；225°~315°间吹来的风叫做偏西风。

风的等级和风速

一般风可以分为13个等级，其风速如下：

0级无风：烟直上，非常平静。风速：0~0.2米/秒；

1级软风：烟示风向，青烟随风偏。风速：0.3~1.51米/秒；

2级轻风：感觉有风，吹脸面。风速：1.6~3.32米/秒；

3级微风：旌旗展开，树叶摇动。风速：3.4~5.44米/秒；

4级和风：吹起尘土，纸片满天飞。风速：5.5~7.9米/秒；

5级劲风：小树摇摆。风速：8~10.79米/秒；

6级强风：电线有声，举伞步行难。风速：10.8~13.812米/秒；

7级疾风：迎风步行困难。风速：13.9~17.116米/秒；

8级大风：风吹折毁树枝。风速：17.2~20.7米/秒；

9级烈风：小损房屋，瓦片飞。风速：20.8~24.42米/秒；

10级狂风：拔起树木，房屋倒塌。风速：24.5~28.43米/秒；

11级暴风：损毁普遍，一片废墟。风速：28.5~32.63米/秒；

12级台风：摧毁巨大，波及范围广。风速：>31米/秒。

蒲福风级表

等级	名称	陆地现象	海面状态	风速（千米/时）
0	无风	静,烟直上	平静如镜	<1
1	软风	烟能表示风向，但风向标不能转动	微波	1~5
2	轻风	人面感觉有风,树叶有微响，风向标能转动	小波	6~11
3	微风	树叶及微枝摆动不息,旗帜展开	小波	12~19
4	和风	能吹起地面灰尘和纸张，树的小枝微动	轻浪	20~28
5	劲风	有叶的小树枝摇摆，内陆水面有小波	轻浪	29~38
6	强风	大树枝摇动,电线呼呼有声，举伞困难	大浪	39~49
7	疾风	全树摇动,迎风步行感觉不便	巨浪	50~61
8	大风	微枝折毁,人向前行感觉阻力甚大	猛浪	62~74
9	烈风	建筑物有损坏	狂涛	75~88
10	狂风	陆上少见,见时可使树木拔起，建筑物损坏较重	狂涛	89~102
11	暴风	陆上很少,有则必有重大损毁	非凡现象	103~117
12	飓风	陆上绝少,其摧毁力极大	非凡现象	118~133

行星风系

　　行星风系是指不计海陆分布和地形的起伏等影响，全球性大范围内的低层盛行风带，称为"行星风系"。它是大气环流的组成部分。由于热力和动力作用的综合影响，南北半球近地面分别形成两个低气压带和两个高气压带，赤道低气压带。在高低气压带之间又形成三个风带：信风带、西风带和极地东风带。在副热带纬度高空的水平辐射最强，地面形成高压。副热带高压的空气在地面辐散，由于地转偏向力的作用，流向低纬度的气流在北半球成为东北信风，南半球成为东南信风。地球上的气压带和风带的位置会随太阳直射点的南北移动而发生变化：当太阳直射点位于北回归线附近时，赤道低气压带移至赤道以北，其他的风带和气压带也相应北移；反之则南移。

地方性风

　　地方性风指的是带有地方性特征的中、小尺度风系，这是由于特殊的地理位置、地形或地表性质等影响而产生的。一般可以分为：海

陆风、山谷风、冰川风、焚风、布拉风和峡谷风等。

海陆风：由于水陆间热力性质不同而形成的，以一天为周期的方向相反的地方性风系。一般热带地区海陆温差大，海陆风强度也大。

山谷风：由于山坡和谷地受热不均匀而引起以一日为周期的方向相反的地方性风系。山谷高差愈大，山谷地形愈完整，地面越裸露，山谷风越大。

冰川风：在冰川谷地中，由于冰川表面上空气温度比谷中同高度空气温度低，冷而重的空气在冰川上形成沿冰川向下坡方向流动的风。

焚风：越山气流迅速下沉到较低山麓或平原上所形成的干热风。是一种由地形作用形成的地方性风。

布拉风：在温带及其附近纬度，从离海不远的山地或高原上，沿较陡的山坡，吹向温暖海滨的干燥而寒冷的强风。

峡谷风：大规模气流由开阔地区进入山谷、隘口、海峡等时因通道变窄使气流加速而形成的强风。

比如：阿富汗强阵风、碧瑶风、巴霍洛风等都是世界上的主要地方风。

季风

季风，顾名思义是随季节变化的风。它是大气环流的重要组成部分。季风是由海陆分布、大气环流、大陆地形等因素造成的，以一年为周期的大范围对流现象。一般冬夏之间稳定的盛行风向相差达 $120°$ ~ $180°$。根据研究，全球有几个明显的季风气候区域，即澳大利亚北部、西北太平洋以及北冰洋沿岸若干地区，而西非、东非、南亚、东南亚、东亚等地则为显著的季风气候区。

季风会随季节变化是因为受以下几种因素的影响：

海陆影响：由于海陆间热力差距，冬季大陆为冷高压，海洋为暖低压，风从大陆吹向海洋。夏季大陆为热低压，海洋为冷高压，风从海洋吹向大陆，带来丰沛的降雨。

大尺度行星环流的影响：两支行星风带交替的区域，行星环流会发生季节性变化，盛行风向往往近于相反，这种现象称为行星季风，在北纬 $30°$ 到南纬 $30°$ 之间的地区最为显著。

高原大地形的影响：会产生气旋性环流。东亚—南亚是世界上最著名的季风区，其季风特征主要表

现为存在两支主要的季风环流，即冬季盛行东北季风，夏季盛行西南季风，并且它们的转换具有暴发性的突变过程，两种季风的过渡期短。一般来说，11月—次年3月为冬季风时期，6—9月为夏季风时期，4—5月和10月为夏、冬季风转换的过渡时期。由于季风的存在和当地因素的作用会形成几种不同的季风气候。

信风

信风指的是从副热带高气压吹向赤道低气压带的方向固定的风。因为此风发生在低纬地区，风向特别稳定，风速很少变化的风；因为

海员们用它辨别方向很方便，觉得它很守信用，所以称为"信风"，又有"贸易风"之称。

在太阳光的长期照射下，赤道受热最多，近地面空气受热上升，形成赤道低气压带，在高空形成高气压，高空高气压向南、北两方高空低气压方向移动，在南北纬30°附近遇冷下沉，在近地面形成副热带高气压带。在这种情况下，赤道低气压带与副热带高气压带之间产生气压差，气流从"副热带高气压带"流向"赤道低气压带"。在地转偏向力的影响下，北半球副热带高压中的空气向南运行时，空气运行偏向于气压梯度力的右方，形成东北风，即东北信风。南半球反之形成东南信风。在南北纬10°~30°

之间，是常年盛行信风的地带，叫"信风带"。

阵风

阵风是空气扰动的结果，在离地面约 1500 米以上的高空，空气的流动速度几乎不变（高山地区除外），因此风呈现出一种稳定而均匀的状态。但是在离地面 1500 米之内，尤其是接近地面的空气，它的流动速度有时大，有时小，因此风也是时大时小，吹在人的身上有一阵一阵的感觉，所以被叫做"阵风"。一般 6 级和 6 级以上的风多为阵风，有一定的危害。阵风有比较大的能量，能吹倒电线杆等，造成大面积停电和通信故障等。

台风

早在很多年以前，历史上就有关于台风的记载。台风指的是发生在热带海洋上的暖心气旋性旋涡，是一种热带气旋。台风的水平尺度约有几百千米到上千千米，垂直尺度可从地面直达平流层底层，是一种复杂的天气系统。台风中心气压很低，一般在 870~990 百帕之间，

中心附近地面最大风速一般为 30~50 米/秒，有时可以超过 80 米/秒。一般，在暖季，太平洋西部地区是形成台风最多的地区，每年发生台风个数占全球的 36%。还有北太平洋东部、北大西洋、南太平洋、南印度洋西部等地区也经常发生台风。不同的国家对台风的称呼和界定是不同的，发生在北太平洋西部和南海地区的习惯上称"台风"。中国气象部门规定，中心最大风速大于或等于 32.7 米/秒的称强台风，风速在 17.2~32.6 米/秒的称台风，风速小于或等于 17.1 米/秒的称为热带低压。发生在北太平洋东部和大西洋的称飓风。发生在孟加拉湾和阿拉伯海的称气旋性风暴。影响我国台风的源地有三处：以加罗林群岛洋面为最多，菲律宾群岛以东洋面次之，南海海面比较少。台风主要形成于 5—10 月，以 7—9 月最为集中。

龙卷风及其成因

龙卷风常被称为"龙吸水"，由于它的外形像神话传说中的龙，从天而降，把地上的水吸上天空。龙卷风是一个猛烈旋转的圆形空气柱。其上端与云相接，下端有的悬挂在

半空，有的与地面相接。与地面相接的称为"陆龙卷"，与水相接的称为"水龙卷"，有时同一块云中可以出现两个龙卷，一面旋转，一面朝前移动。那么龙卷风是怎么形成的呢？其实龙卷风是空气里的旋涡。在发展强烈的积雨云中，空气扰动很厉害，里面的温度、湿度、风向和风速差别很大引起的。例如：下沉气流风速往往达 8 级以上，而上升风速一般只有 3~4 级，这就使得积雨云内部空气扰动剧烈，产生旋转作用，当旋转作用增大到一定程度时，就形成了龙卷风。又如：地面和云层温度差距比较大，冷空气急速下降，热空气急速上升，上下层空气交替扰动，形成许多小旋涡。这些小旋涡逐渐扩大，上下激荡越

发厉害，形成了大旋涡，也会形成龙卷风。

龙卷风的分类

　　龙卷风一般分为陆龙卷、水龙卷和火龙卷等。在陆地上发生的龙卷风称为陆龙卷，其上端与云相接，下端有的悬挂在半空，有的与地面相接。它有很大的威力，能拔倒树木，摧毁房屋，甚至卷起人，给人类的生命财产造成巨大损失。水龙卷是发生在水面上的，多在海洋和湖泊上，与水相接，会对航行的船只造成威胁。有时在火山爆发或发生大火灾的地方，会发生龙卷风，这时候风中会夹杂着烟火和灰尘等，

这样的龙卷风被称为火龙卷。

飓风

飓风和台风一样都是指发生在热带海洋上的暖心气旋性旋涡，是一种热带气旋。飓风常常行进数千千米，横扫多个国家，所以也是一种比较严重的自然灾害。不同的国家对台风的称呼不同，发生在北太平洋东部、加勒比海和大西洋的称"飓风"。飓风风速很大，通常在30米/秒左右，最大可以达到80米/秒。飓风往往短时间内能释放出巨大的能量，飓风一旦登陆，便会给周围人类带来无法估计的损失。飓风产生于热带海洋的一个原因是因为温暖的海水给飓风提供了源源不断的动力。另外，它还会引发风暴潮，会使地球变得越来越热。一般飓风按风速可以分为五级：一级：最高持续风速33~42米/秒；二级：最高持续风速43~49米/秒；三级：最高持续风速50~58米/秒；四级：最高持续风速59~69米/秒；五级：最高持续风速≥70米/秒。飓风源地主要在西经50°与安的列斯间，多发生在6—9月。运行方向自动向西。飓风所到之处会造成巨大的灾害和影响。20世纪最大的飓风灾难发生在孟加拉，30多万人死亡，并造成了无法估计的经济损失。

（九）

环 境 资 源

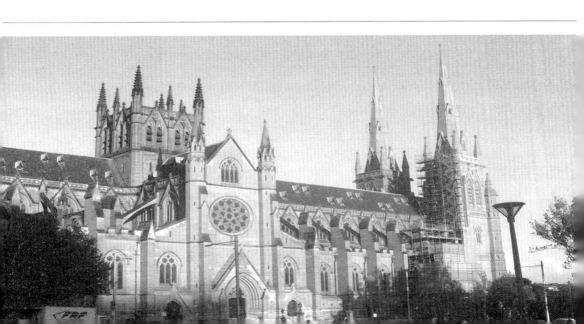

理利用。

环境资源

环境资源指的是将环境的整体看做是资源总和。各种自然资源和它们组合的各种状态都是人类赖以生存与发展的物质基础，这些都是环境资源，如：阳光、空气、水、土地、森林、草原、动物、矿藏等。合理地开发和利用环境资源会给人类社会进步与经济发展带来巨大影响。为此，1982年2月，中国国务院从对环境资源的保护出发，确定按类分别由各部和国务院直属局分工合作负责保护，并将环境资源的使用、管理和保护结合起来。

不可再生资源

不可再生资源指的是经过漫长年代和特定的历史条件形成的各种矿产资源。这种资源一般储量有限。经过开发和使用以后不能重复再生，短期内无法恢复。例如社会生产和人类生活所离不开的煤、石油和天然气就是典型的不可再生资源。油页岩和核燃料铀、钍等也是不可再生资源。随着社会的不断进步，人类对这些资源的需求日益增加，资源的储量却越来越少，所以应该合

可再生资源

可再生资源指的是能够循环使用，不断得到补充的一次资源，如太阳辐射资源、生物资源、风资源、海洋资源、地热等。这些资源能量巨大，可以说是"取之不尽、用之不竭"的，是解决人类未来能源的重要源泉。另外，土地资源、水资源和生物资源若能合理利用，妥善保护，也能再生。如果保护不当，利用不合理就不会再生。例如：原始森林遭到破坏就很难再恢复；生物资源某些生物种类灭绝后也不会再生。可再生资源虽然储量无限，但是由于科学技术水平有限和生产费用昂贵，目前利用率还不高，有待我们进一步去研究和开发。

能源资源

能源资源即含有能量的资源，指的是为人类提供能量的天然物质。它包括所有燃料、流水、阳光和风。是一种综合的自然资源，有煤、石油、天然气、水能、太阳能、风能、生物质能、地热能、海洋能、核能等。人类采用适当的转换手段利用

这些能源资源给自己提供所需的能量或者物质。例如：柴草、煤炭、石油和石油加工出来的产品，如：汽油、煤油、柴油、重油等。历史上，人类经历了柴草能源时期、煤炭能源时期和石油天然气能源时期，目前正向新能源时期过渡，无数学者在不懈地寻找开发更新更安全的能源，相信能源的多元时代即将来临。

有限的初级能源

核聚变、核裂变、放射性能源，称为初级能源。其他各种形式的能量都是由初级能源转化而来的。太阳辐射能是地球上各种能量的主要来源。流水的能量是间接来自太阳能的辐射，各种生物质能是通过植物的光合作用由太阳能转化得到的。煤炭、石油等化石能源，是因为古生物吸收太阳能而转化为生物质能，再由生物质能转化而成的。潮汐能是由太阳和月亮的引力而产生的。核聚变也是一种重要的初级能源。一个铀原子裂变放出的能量比燃烧一个分子的汽油大几百倍。一般初级能源都是有限的，专家估计，地球上的石油储量只够开采 50 年，天然气只能开采 60 年，煤也只能开采 200 年。

新能源

新能源又称"非常规能源"。是相对于常规能源而言的，它是指正在研究、试用、有待广泛推广的一次能源。如：太阳能、生物能、风能、海洋能、地热能、核聚变能等。而且新能源一般都是无污染的。随着能源消费的日益增加，常规能源的储量逐渐减少，已经不能满足人类的需求，大力开发新能源成为世界各国关心的重大课题。目前各国正在大力研究开发新能源。

太阳能

我们知道太阳蕴涵着巨大的能量，太阳能指直接来自太阳辐射能为人类利用的光和热能量的总和。太阳向宇宙空间发射的辐射功率约为 3.8×10^{23} 千瓦，其中能到达地球大气层的能量约在 173×10^{12} 千瓦，这个数目仍是十分巨大的。其中 30% 被大气层反射回宇宙空间，23% 被大气层吸收为风、雨、霜、雪等气象变化的能量。到达地球表面的能量为 81×10^4 亿千瓦，相当于世界总能耗的上万倍。早在

2000多年前的战国时期，我国人民就知道利用钢制四面镜聚焦太阳光来点火和利用太阳能来干燥农副产品。当今社会，太阳能已经被广泛利用，它既是一次能源，又是可再生能源。它资源丰富，可以免费使用，无污染。人们直接利用的太阳能主要体现在三大领域：一是光热转换；二是光电转换；三是光化学转换。在应用领域方面已涉及到工业、农业、建筑、航空航天等行业和部门。

生物能

生物能指的是以生物为载体将太阳能以化学能形式储存的一种能量，它直接或间接地来源于植物的光合作用，其蕴藏量极大，仅地球上的植物，每年生产量就相当于目前人类消耗矿物能的20倍。在各种可再生能源中，生物质是储存太阳能、更是一种唯一可再生的碳源，可转化成常规的固态、液态和气态燃料。生物能可以作为一种燃料，而且是低硫的。将有机物转化成燃料可减少环境污染，给人类的生活带来许多方便。生物能数量庞大，形式繁多，根据来源可以把生物能分为林业资源、农业资源、生活污水和工业有机废水、城市固体废物和畜禽粪便等。如：薪柴，农林作物，农业和林业残剩物，食品加工和林产品加工的下脚料，城市固体废弃物，生活污水和水生植物等。

石油

石油是一种液态的矿物资源，是一种呈油质状态的黏稠液体，也是一种可燃的化石燃料。石油主要由碳氢化合物的混合物组成。其中碳和氢占98%以上，碳约占84%~86%，氢占12%~14%。碳和氢组成各种碳氢化合物，即烷族、环族和芳香族组化合物，它们都是形成石油必不可少的物质。石油的成分主要有：油质、胶质、沥青质和碳质。石油的颜色是它本身所含胶质、沥青质的含量，含量越高颜色越深。有红、金黄、墨绿、黑、褐红、甚至透明色。并且颜色越浅其油质越好，透明的原油可直接加在汽车油箱中代替汽油。石油的可燃性能好，单位热值比煤高一倍，还具有比煤清洁、运输方便等优点。目前，石油不仅是世界主要的工业原料，也是重要的军用物资，日常生活的必需品。石油被誉为现代工业的"血液"。

石油的分布

众所周知石油一般都分布在海洋，海洋中的大陆架是滋养石油的温床。世界海洋面积有 3.6 亿平方千米，大陆架和大陆坡约 5500 万平方千米。地球上已探明的石油储量有 1.2 万亿桶，最终可采储量的 45% 都埋藏在海底。开始石油主要分布在西半球，"二战"后，东半球成了世界石油资源的主要蕴藏地，其中中东是重要的石油产区，占已探明石油储量的 68%。美洲、非洲、俄罗斯和亚太地区也是重要的石油产区。沙特、伊拉克和科威特等中东国家都是石油的主产国，其他国家如俄罗斯、美国、挪威、中国、墨西哥和委内瑞拉等国也是石油的重要生产国。

天然气

天然气是蕴藏在地层中的烃和非烃气体的混合物，是由古生物的遗骸长期埋于地下，慢慢转化及变质裂解而产生的气态碳氢化合物。它具有可燃性，多在油田开采石油时伴随而出。天然气主要包括油田气、气田气、煤层气、泥火山气和生物生成气等。世界天然气产量中，主要是气田气和油田气。现在对煤层气的开采也已逐渐受到重视。天然气密度小，具有较大的压缩性和扩散性，采出后经管道输出作为原料，也可以压缩后灌入容器中使用，或制造成液化天然气，运输比较方便。天然气有许多优点：它不需重复加工就可直接作为能源；加热的速度快，容易控制；质量稳定，燃烧均匀，基本上无污染。天然气的热值、效热率比煤炭和石油要高，给人类的生活带来了不少方便。

煤

煤是一种重要的能源，也是冶金、化学工业的重要原料。是植物遗体经生物化学作用，埋藏于地下经地质作用转变而形成的，一般分布在各大陆和大洋岛屿。煤主要由碳、氢、氧、氮、硫等元素组成，其中碳、氢、氧三种物质的总和约占 95% 以上。碳是煤中最重要的组分，煤化程度越深，它的含量越高。很多年以前，煤就被广泛地用做工业燃料。尤其是 19 世纪英国的工业革命更是燃烧了大量的煤。煤一般可以分为褐煤、烟煤、无烟煤。

褐煤：黑褐色块状，质地疏松。含挥发成分 40% 左右。燃烧点低，火焰大，冒黑烟。一般含碳量与发热量较低，燃烧时间短。

烟煤：黑色有光泽，一般为粒状、小块状，也有粉状的，质地细，含挥发成分 30% 以上，燃点不太高。含碳量与发热量较高，燃烧时有大量黑烟，燃烧时间较长。

无烟煤：有粉状和小块状两种，黑色有金属光泽。含碳高而挥发成分含量低，在 10% 以下，燃点高但发热量高。

煤气

煤气指的是以煤为原料加工制得的含有可燃成分的气体。煤气既可以作为燃料也可以作为化工原料。煤气中的一氧化碳和氢气可以合成氨、甲醇等，是重要的化工原料。煤气也可以用天然气、轻质油和重油制得。煤气可以分为：水煤气、半水煤气和空气煤气。这些煤气的发热值较低，故又统称为低热值煤气。一般民用的煤气是煤的干馏得到的焦炉煤气，属于中热值煤气，热效率比较高，燃烧稳定，净化程度好，运输也比较方便。

火力发电

火力发电是以燃烧石油、煤或天然气，将水变成蒸汽以旋转气轮机，带动发电机的一种发电方法。我国的发电方式以火力发电为主，煤是主要原料。火力发电系统主要由燃烧系统（以锅炉为核心）、汽水系统（主要由各类泵、给水加热器、凝汽器、管道、水冷壁等组成）、电气系统（以汽轮发电机、主变压器等为主）、控制系统等组成。火力发电具有污染重、成本高等缺点。目前正在大力发展清洁环保的发电方式。

水力发电

水力发电指的是将水能转化成电能的过程。是利用江河、湖泊或海洋的水位的一种发电方法。在自然状态下，河川水流的这种潜能以克服摩擦、冲刷河床、携带泥沙等形式消耗掉。水力发电站可以充分利用这部分能量。水力发电站要在场房内安装水轮机、发电站和变压器等机械设备。因水力发电厂所发出的电力其电压低，要输送到远距

离的用户，必须将电压经过变压器提高后，再由架空输电路输送到用户集中区的变电所，再次降低为适合于家庭用户、工厂之用电设备之电压，并由配电线输送到各工厂及家庭用户。世界各国从 20 世纪 70 年代起开始大力发展水电。水力发电机的设备比较简单，转速比较低，没有高温高压，综合效益显著。世界水力发电站的水能利用率在 80% 左右，比火力发电和其他可再生能源的利用率都高。

风能

风能是一种可再生、无污染而且储量巨大的能源，它可谓是取之不尽、用之不竭。地球上的风能相当于目前全世界能源总消耗量的100 倍，相当于 1.08 万亿吨煤的蕴藏量。

风能的利用主要是以风能做动力和风力发电两种形式，其中又以风力发电为主。丹麦是最早利用风力发电的国家。目前，世界风力发电总量居前三位的分别是德国、西班牙和美国，三国的风力发电总量占全球风力发电总量的 60% 以上。不过风能也有许多不足：如风力的不经常性和分散性，它方向不定，

有时大有时小，变幻莫测，若用来发电则应解决调速、调向、储能等特殊问题。风的空气密度极小，仅是水的密度的 1/816，因此要获得于水能同样的功率，风力机的风轮直径要比水轮机的叶轮直径大几百倍。风能利用必须解决的问题，是如何降低风力发电机叶片的巨大制造成本，提高转子效率，延长发电机寿命等。

风力发电站

风力发电站是利用风能驱动风轮机以带动发电机产生电能。风力发电站主要由能量转换装置、蓄能装置和控制系统等组成。风力发电站按容量大小可以分为大、中、小三种。容量在 10 千瓦以下的为小型；10~100 千瓦的为中型；100 千瓦以上的为大型。单机组容量从几十瓦到 5000 瓦不等。中小型发电站的技术问题已经解决，主要用于充电、照明、卫星地面站电源、灯塔和导航设备的电源，以及民用电力达不到的边远地区。但是风能是一种随机性能源，有间歇性，而且风向不定。所以风力发电要有控制系统。

地热能

地热能指的是地壳内部的热能，这种能量来自于地球内部的熔岩，是以热力形式存在的，它集中分布在构造板块边缘一带，也是火山和地震多发的地区。有人计算过，假若把地球上储存的煤燃烧时放出的热量当做 100 的话，那么地球上储存的石油只有煤的 3%，核燃料才为煤的 15%，而地热则为煤的 1.7 亿倍。地热能能量巨大，大约是世界上油气资源所能提供能量的 5 万倍，每天从地球内部传到地面的能量，就相当于全人类一天使用能量的 2.5 倍。地热能有两种类型：一是以地热水或蒸汽形式存在的水热型；另一种则是以干热岩体形式存在的干热型。干热岩体热能是未来大规模发展地热发电的真正潜力。人们利用地热能的重要方式便是地热发电。目前世界上 18 个国家有地热发电，总装机容量 5827.55 兆瓦。

地热发电站

地热发电站指的是利用地下热水、蒸汽或者高温岩体作为能源建立的发电站。地热发电是根据能量转换原理把地热能转换为机械能，然后又把机械能变为电能。地热发电站包括蒸汽型地热发电站和热水型地热发电站。1904 年，意大利在拉德瑞罗地热田建立世界上第一座 0.75 马力的地热发电实验装置，到 1982 年世界地热装机容量已经达到 271 万千瓦，每年以 10%的速度增长。2000 年，中国地热的装机容量达到 1764 万千瓦。在一些能源缺乏的地区，利用地热发电具有重大意义。

蒸汽发电

蒸汽发电指的是靠地下汲取的蒸汽推动汽轮机旋转的发电方式。自从瓦特发明了蒸汽机，人们逐渐认识到蒸汽对人类的价值。蒸汽可以产生巨大的能量，用来发电等。这种发电需要先从蒸汽中把热水分离出来，再将热水送回到地下。推动汽轮机的蒸汽经复水器、冷却塔后变成冷水。可以用来冷却蒸汽。用蒸汽发电可以减少资源浪费、提升企业整体经济运行质量，还能循环利用能源，为公司创造可观的经济效益。现在有一种"富氧蒸汽发

电法"是利用发电厂具有大量蒸汽的有利条件，将一部分蒸汽涤新技术、新设备处理，使之成为"富氧蒸汽"做热源而发电的方法。

森林覆盖率

森林覆盖率指的是一定范围内林地面积占该范围总面积的百分比。不同的国家森林覆盖率的计算方法不同。例如中国森林覆盖率指郁闭度0.3以上的乔木林、竹林、国家特别规定的灌木林地、经济林地的面积，以及农田林网和村旁、宅旁、水旁、路旁林木的覆盖面积的总和占土地面积的百分比。全世界森林平均覆盖率为22%，中国的森林覆盖率为12.7%。森林地区分布很不平衡，它受地理环境的制约和影响。全球森林主要集中分布在南美、俄罗斯、中非和东南亚地区。占有全世界60%的森林，俄罗斯、巴西、印尼和民主刚果这4个国家最高，森林覆盖率占全球的40%。

再生的海洋能源

我们知道海洋地下蕴藏着丰富的石油和天然气，这是我们不可缺少的能源。但是海洋本身也为我们提供了许多能源，包括潮汐、波浪、海流等动能和海洋温度差、盐度差等能量。还有海洋生物能、海洋地热能等能源。这些能源都是海上、海中或海底的可再生能源，一般都是属于新能源，是取之不尽、用之不竭的，而且无污染。潮汐能就是潮汐运动时产生的能量，是人类利用最早的海洋动力资源。中国在唐朝沿海地区就出现了利用潮汐来推磨的小作坊，后来法、英等国也出现了潮汐磨坊。全世界的海洋潮汐能约有20多亿千瓦，每年可发电12400万亿度。世界上第一个也是最大的潮汐发电厂就处于法国的英吉利海峡的朗斯河河口，年供电量达5.44亿度。另外波浪能也有巨大的能量，可以用来发电。总之这些海洋能源为人类的生活带来了许多方便，也为社会的发展作出了极大的贡献。

原子能

原子能又称"核能"。是指在核反应过程中，原子核结构发生变化而释放出的巨大能量。核能仅与原子核的状态有关系。释放原子能的方法之一是在核反应堆中，利用受

控核聚变，全世界有许多核反应堆在运转，我们通常所说的原子能技术就是利用受控核裂变能量的技术。另一种是利用受控核聚变，这一方法还是处于试验阶段，要掌握这种方法还要做大量的工作。原子能是能够大规模发展又不容易造成污染的唯一能源。原子能可以用来应用在医疗卫生和食品保鲜等方面。

核聚变

核聚变指的是由两个很轻很结实的原子核聚合到一起，变成一个比较重的原子核的核反应，称为聚变反应。聚变反应形成一种新的原子核叫核聚变。聚变反应放出的原子能，就叫做聚变能。核聚变燃烧的燃料是氘和氚，而这两种物质在海水中大量存在。所以核聚变是一种取之不尽、用之不竭的新能源。核聚变会产生巨大的能量，1千克氘和氚通过聚变反应释放出来的能量，同燃烧1万吨优质煤放出来的能量相等。核聚变和核裂变都是通过核反应产生的，但聚变比裂变产生的威力大得多。

核能发电

核能发电指的是利用核反应堆作为热源，产生高温高压蒸汽从而驱动发电机发电的一种发电方式。核能发电站与火力发电站类似，只是所使用的燃料不同。1954 年，前苏联建成世界上第一座核能发电站，装机容量为 5 兆瓦。之后英、美等国也相继建成各种类型的核电站。到 1960 年，有 5 个国家建成 20 座核电站，装机容量 1279 兆瓦。因为核聚变能产生巨大的能量，所以用核能发电必须要有特殊的保护措施，要安全地从核反应堆中取出能量，以免对附近的居民造成伤害。

（十）

海洋环境

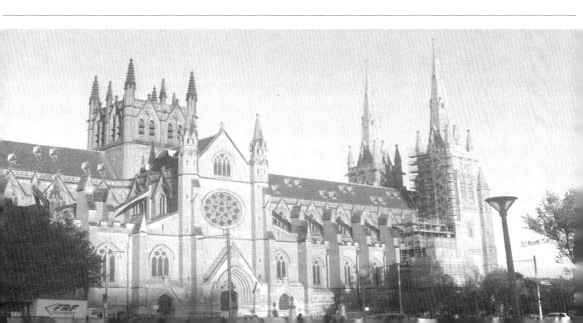

海洋的形成

关于海洋的形成目前尚没有最后的答案，大多数科学家认为：大约在 50 亿年前，从太阳星云中分离出一些大大小小的星云团块在运动过程中，互相碰撞，彼此结合逐渐成为原始的地球。原始的地球没有大气，没有海洋，是一个没有生命的世界。在地球形成后的最初几亿年里，由于地壳比较薄，地球的内部放射性元素的蜕变等原因，地球内部的岩溶浆不断上升喷出。大量的水蒸气、二氧化碳等气体也随岩浆一起喷出。这种气体上升到空中笼罩了地球，地球冷却后，这些水蒸气形成云层，产生降雨。经过很长时间的降雨，原始地壳低洼处汇集了巨大的水体，形成了原始的海洋。

原始的海洋，海水不是咸的，而是带酸性、又是缺氧的。海水不断地蒸发，反复地成云致雨，把陆地和海水岩石的盐分溶解，汇于海中，经过了亿万年的融合，形成了大体均匀的咸水。同时，大洋地壳不断地运动，逐渐形成了大陆架、海沟、海底火山和岛屿等海洋地貌。大约在 38 亿年前，在海洋里产生了有机物，先有低等的单细胞生物。在 6 亿年前的古生代，有了海藻类，在阳光下进行光合作用，产生了氧气，慢慢地才有了生物登陆。

又经过不断地变化，逐渐形成了今天的海洋。

海

海是海洋的边缘，是大洋的附属部分。海水透明度比较小，深度一般在 2000~3000 米以下，面积占海洋总面积的 11%。海水的温度受大陆的影响很大，具有明显的季节变化，一般情况下，由于夏季大陆温度比冬季高，所以夏季海水会变暖，冬季海水会变冷甚至结冰。海水在不断地蒸发，如果蒸发量比较大，其含盐度会很高，如果海水没有淡水注入，它的含盐量也会比较高；如果海水蒸发量小或者有很多的淡水注入，这种海水含盐度就比较低。海上一般不会自发产生潮汐，潮汐多从大洋传来。海流有自己的环流形式，季节变化很明显。地球上的海洋有 50 多个，太平洋中的海域数量最多，其次是大西洋，印度洋和北冰洋的海差不多。海又可以分为边缘海和内陆海。

洋

洋指的是地球表面连续的广阔水体，又称为"大洋"或"世界大洋"。洋是海洋的中心部分，是海洋的主体。洋的透明度高，水中极少有杂质。大洋的水深，一般在 3000 米以上，最深处可达 1 万多米。洋离陆地遥远，它不受陆地的影响，所以它的水文和盐度的变化不大。洋有稳定的物理化学性质、独立的潮汐系统和强大的洋流系统，洋底沉积物一般为钙质软泥、硅质软泥和红黏土等海相沉积。世界大洋的总面积很大，约占海洋面积的 89%。世界有四大洋，即太平洋、印度洋、大西洋、北冰洋。其中太平洋是世界上最深、最大、最古老的大洋。除北冰洋之外，其他三大洋在南半球连在一起。

边缘海

边缘海又称"陆缘海"，它指的是位于大陆边缘，以半岛、岛屿或群岛与大洋分隔，仅以海峡或水道与大洋相连的海域。边缘海水流交换通畅，主要潮汐和海流直接来自大洋，水文特征受大陆影响，变化比大洋大。边缘海按其主轴方向分为纵边缘海和横边缘海。边缘海主轴方向平行于陆地的主断层线，被称为纵边缘海，如：白令海、鄂霍次克海、日本海等；边缘海的主轴线与断层线大体上直交，被称为横边缘海，如：北海等。位于澳大利亚东面的珊瑚海是世界上最大的边缘海，也是世界上最大的海，海域总面积约有479万平方千米。

内陆海

内陆海又称"地中海"，是位于大陆的内海，仅通过一个或几个狭窄海峡与大洋或其他海相通的水域，如我国的渤海。里海是世界上最大的内陆海。内陆海水文特征受周围大陆影响比较显著。世界大洋的内陆海总面积占大洋面积的8.8%。内陆海又可以分为陆间海和陆内海两种。陆间海又称陆间地中海，是位于几大大陆之间的海，如：欧洲的地中海、美洲的地中海、亚洲的地中海、北极的地中海等，陆间海总面积占大洋总面积的8.2%；内陆海又称陆内地中海，是深入一个大陆的海，如哈得逊湾、红海、波罗的海、波斯湾等。陆内海总面积占大洋总面积的0.6%。

海岸

海岸是由地壳的运动形成的，指的是海洋和陆地相互接触和相互作用的地带，它是海岸线上边很狭窄的那一带陆地。它经常能遭受到海浪等的作用，即从波浪所能作用到的深度向陆地到暴风浪所能达到的地带。海岸的宽度一般从几十米到几十千米。海岸一般包括上部地带、中部地带和下部地带。上部地带，又称为陆上岸带，是过去因海水侵蚀作用而形成的阶地地形，一般风浪和潮汐都不会到达这里；潮间带，是由海滩和潮坪两部分组成的，这一带是海浪活动最积极的地带，当然作用也比较强烈；过去的海岸就是下部地带，又称水下岸坡带，如今已下沉到海水底下的地方，这里波浪、潮汐没有显著的作用。根据海岸的动态变化可分为堆积海岸和侵蚀海岸；根据地质构造可分为上升海岸和下降海岸；根据海岸组成物质的性质可分为基岩海岸、沙砾质海岸、淤泥质海岸、红树林海岸和珊瑚礁海岸。

在漫长的海岸带蕴藏着丰富的生物、矿产、能源、土地等自然资源。还有众多深邃的港湾，以及贯

穿内陆的大小河流。它不仅是国防的前哨，又是海陆交通的枢纽。自古以来，海岸一直是人类经济活动频繁的地带。这里遍布着工业城市和海港。海岸还具有奇特的、引人入胜的地貌特征，可以辟为旅游胜地。

海岸线

海岸线指的是海水面与陆地的分界线。世界海岸线长约44万千米，中国海岸线长1.8万多千米，岛屿海岸线长1.4万多千米。

海岸线会随着潮水的涨落而变动位置。一般指海边在多年的大潮时，高潮时所到达的线。海岸线并不是固定不变的，而是不断变动的。海水昼夜不停地反复涨落，海平面与陆地交接线也在不停地升降改变。如果每时每刻海水与陆地的交接线都能留下鲜明的颜色，那么一昼夜间的海岸线痕迹是具有一定宽度的一个沿海岸延伸的条带。气候的急剧变化，引起了世界洋面水位的升降，是造成大范围海岸线变动的原因。地壳的升降运动也是造成局部地区海岸线变化的原因。如果沿海的某一地区处于地壳隆起带，海岸线就会向内陆退缩；反之，海岸线

向海中伸展。海岸线的变动还有其他因素，比如特大的潮灾、地震、海啸，这些自然灾害可以在瞬间破坏海塘，毁坏海岸，造成海岸线的突变。

海洋的最深点

每个海洋都有其最深点，主要海洋的最深点为：

太平洋：11034米

大西洋：8605米

加勒比海：7535米

印度洋：7258米

墨西哥湾：5203米

南海：5015米

地中海：4982米

北冰洋：4665米

白令海：4097米

世界著名海港

一、上海港（中国）：它是中国沿海最大的港口和运输枢纽，也是国际贸易上最著名的港口之一。

二、香港（中国）：是当今世界上最优良的三大海港之一，是仅次于纽约、伦敦的国际金融中心。

三、大连港（中国）：大连为辽

宁省辖市，是东北地区最大的海港和对外开放的门户。

四、符拉迪沃斯托克港（俄罗斯）：符拉迪沃斯托克是俄罗斯滨海边疆首府，是俄罗斯太平洋沿岸著名港城。

五、新加坡港（新加坡）：是太平洋与印度洋之间的航运要道马六甲海峡的东口。

六、横滨港（日本）：仅次于东京、大阪，是日本的第三大城市。

七、神户港（日本）：位于日本本州岛西南部，大阪湾北岸。

八、名古屋港（日本）：是仅次于东京、大阪、横滨的日本第四大城市，第三大贸易港。

九、纽约港（美国）：是美国第一大城市和最大海港，也是美国最大的金融、商业、贸易和文化中心。

十、洛杉矶港（美国）：是美国仅次于纽约和芝加哥的第三大城市，西部海岸的最大商港。

十一、圣弗朗西斯科港（美国）：圣弗朗西斯科是美国太平洋沿岸仅次于洛杉矶的第二大港市。华人称旧金山。

十二、温哥华港（加拿大）：温哥华是加拿大第三大城市，也是加拿大最大的海港。

十三、悉尼港（澳大利亚）：悉尼是澳大利亚最大的城市和重要港口，新南威尔士州首府。

十四、奥克兰港（新西兰）：奥克兰是新西兰最大的城市和港口。

十五、巴拿马港（巴拿马）：位于中美地峡东南部，南濒太平洋，北临加勒比海。巴拿马城是巴拿马共和国首都和重要海港。

十六、孟买港（印度）：是印度最大海港和第二大工商业城市，马哈拉施特拉邦首府。

十七、里斯本港（葡萄牙）：里斯本是葡萄牙首都，全国最大城市和海港，经济、文化中心。

海浪

海浪是由海风作用下海水往复运动的现象。这种运动能产生巨大的能量。海浪周期一般为 0.5~25 秒，海浪主要有风浪、涌浪和近岸浪三种。风浪是在风的直接作用下生成的，通常风力达到 5 级时，海面上就会出现风浪，波面比较陡。当风停止后，风浪可以离开风吹刮的区域继续向外传播，这时的浪称为涌浪。风浪和涌浪传至岸边时几乎成为一条直线，这种浪称为近岸浪。海浪在水平方向上可以传播近万里。在太平洋北部的阿拉斯加海岸，可以观测到 1 万多千米外南极风暴区传来的海浪。海浪一般高达 6 米以上，最高的可达 35 米，其冲击力每平方米可达 30~40 吨，能将

重达 10 多吨的巨石抛到空中，是一种严重的海洋灾害。海浪对人类的危害主要表现为冲击摧毁沿海的堤岸、海塘、码头和各类建筑物，吞没船只、人畜和水产养殖品，给沿岸地区的人类造成了很大的损失。

海浪是如何冲上海岸的

我们会看到大海上有一道道的海浪冲向岸边。当一道波浪向岸边冲过去时，水粒子就会做环形运动，它们上升时就会成为浪尖，下沉时便成为浪谷，一浪推一浪，不停地向前运动。在海岸附近，由于受到海岸的阻力，海水的这种运动周期性就会减弱，海浪减速以后，浪尖形成卷曲的形状，并且冲上海岸。这就是我们在海岸看到的一朵朵浪花。

潮汐周期

我们在海岸可以见到一般潮的涨落为 12.4 小时的周期，而最大潮和最小潮的潮期大约为半月（14.8 日）。与此相对应的生物活动周期称为潮汐周期。一般潮汐可分为全日周潮、半日周潮和混合潮。

全日周潮：在一个太阳日，即大约24小时50分钟内发生一次高潮和一次低潮的现象；半日周潮：发生两次高潮和两次低潮的现象；混合潮：在半日周潮海区中，如两次高潮和低潮的潮位、涨落潮的时间不相同，并且半月中有数天出现全日周潮的现象。其中混合潮又可分为不正规日周潮和不正规半日周潮。

海啸

海啸是海浪中破坏性最大的波浪。它是由海底地震、火山爆发或水下塌陷和滑坡所激起的巨浪。是一种频率介于潮波和涌浪之间的重力长波，其波长为几十到几百千米，周期为2~200分钟。海啸震源的水面最初升高的幅度在一两米之间。地震发生时，海底低层发生断裂，部分地层出现猛烈上升或下沉，由此造成从海底到海面的整个水层发生剧烈的"抖动"，这种抖动是从海底到海面的水面波动，蕴涵着惊人的能量，这就是海啸。但破坏性的海啸在地震构造运动出现断层，震源深度小于50千米，震级大于6.5时才发生。世界上的海啸大都发生在太平洋地区，海啸可以传播几千米而能量损失很小，所以会对沿海地区的人类造成巨大的危害。

海啸预警系统

半个多世纪以来，科学家们致力于研究海啸发生的规律，尤其是地震引发的海啸，他们希望能够准确预报，防患于未然。在夏威夷群岛发生海啸后的第三年（1948年），美国在檀香山设立了海啸预警中心。后来一些国家先后加入，如：澳大利亚、新西兰，以及法国和俄罗斯等。海啸预警系统一般是把参与国家的地震监测网络的各种地震信息全部汇总，输入计算机进行分析，并设计成电脑模式，来判断出哪些地方会发生海啸以及海啸的规模和破坏性。比如：太平洋内的任何海域发生6级以上地震时，海啸预警系统就会自动报警，它能找出震中所在地，确定其震级，并对震中附近水位波动情况进行观测若经过分析后可能发生海啸，该报警中心会立即通知相关国家或地区。

海洋的深度、颜色、味道

我们知道地球上有70%的区域是被水覆盖的。全球海水的平均深

度有 3800 米，马里亚纳海沟是世界海洋范围内最深的地方，前苏联用声波反射测得海沟的深度为 11034 米。假如把地球上的所有山脉全部削平均匀地铺在地球上，覆盖球面的海水会达到 2500 米深。海洋的颜色是蔚蓝的，这是由于海水分子和悬浮颗粒对光的吸收、反射和散射形成的。太阳光中的红、橙、黄光穿透能力比较强，容易被水分子吸收，蓝、紫光穿透能力比较弱，遇到纯净海水时，最容易被反射。由于人的眼睛对蓝光最敏感，所以人们看到的大海是一片蔚蓝。海水的味道是咸的，海水中的盐类物质主要是由流入海中的河水带来的。水在流动过程中，经过各种土壤和岩层，并经过分解产生各种盐类物质被带入大海。海水不断蒸发，经过了亿万年，盐的浓度越来越高。其中有 90% 左右是氯化钠，即我们所说的食盐。

（十一）

洋底地貌、洋流和渔场

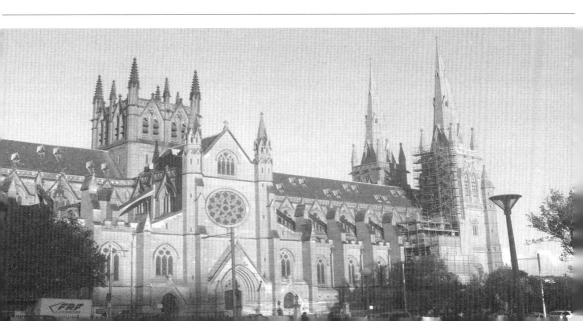

大陆架的分布

大陆架又叫"大陆棚"或"大陆浅滩"，是大陆向海洋的自然延伸，是陆地的一部分。它指的是从海岸线起，直到海底坡度显著增加的陆架坡折处。陆架坡折处的平均水深为130米，也有把200米水深线作为陆架下线的。大陆架坡度较小，起伏也不大。全球大陆架面积为2710万平方千米，平均宽度75千米，不到海洋总面积的10%。大陆架是地壳运动或海浪冲刷的结果。地壳的升降运动使陆地下沉，淹没在水下，形成大陆架。海水冲击海岸、产生海蚀平台，淹没在水下，也能形成大陆架。在大陆架上有流入大海的江河冲击形成的三角洲。大陆架有丰富的矿藏和海洋资源，已发现的有石油、煤、天然气、铜、铁等20多种矿产。大陆架中的石油储量占整个地球石油储量的1/3。大陆架的浅海滩是鱼类等海生动植物生长繁殖的温床。我国近海大陆架比较广阔。渤海、黄海的海底全部是大陆架。东海海底的2/3，南海海底的1/2也都是大陆架。其中东海大陆架宽200~600千米，南海大陆架宽180~250千米。

洋底的地貌

洋底是大洋的主体，占海洋总面积的80%左右。一般人可能会认为洋底是平坦的，其实并非如此。洋底的起伏形态与陆地相似，有雄伟的高山、坦荡的平原、深邃的海沟和陡峭的峡谷等，地形也是十分复杂的，但分布很有规律。它主要有大洋中脊和大洋盆地两大部分构成。在各大洋的中部，都有一条高峻脊岭，它们之间相互连接，全长约8万千米，宽逼四大洋，统称大洋中脊，是火山活动的地带，常有火山喷出岩浆。大洋中脊的两侧是广阔的大洋盆地。盆地中有海岭、海山、海底高原等分布。另外，还有大陆边缘，它位于大陆和洋底两大台阶面之间的广阔过渡地带。

洋流

我们经常听说由于北大西洋暖流的影响天气会发生变化，那么什么是洋流呢？洋流又称"海流"，是海洋中海水沿一定的方向，并且速度相对稳定的一种大规模的运动，这种运动是非周期性的。洋流既可以出现在海洋的表层，也可以出现在海水深处。洋流具有非常大的规模，它是促成不同海区之间大规模物质交换和能量交换的主要因素，而且洋流会影响它的上空的气候和天气。地球上的洋流分布主要受盛行风、海水密度不均匀、地转偏向力、海底地形、海岸轮廓和岛屿等的影响。

洋流的种类

洋流按其流经水域的水温差异可以分为暖洋流和寒洋流；按其与海岸的相对关系可以分为沿岸流、向岸流和离岸流；按其成因可以分为：风洋流、密度流和补偿流。

风洋流：这种洋流的主要动力是大气的运动和近地面风带。在盛行风的吹拂下，表层海水随风飘动，上层海水带动下层海水流动，形成规模很大的洋流，叫风洋流。

密度流：由于各海区海水的温度、盐度不同，引起海水密度的差异，导致海水的流动，这种洋流叫做密度流。

补偿流：某一海区的海水因风力或密度差异等原因流走后，相邻海区的海水就流来补充，从而形成补偿流。补偿流有水平的，也有垂

直的。垂直补偿流又分为上升流和下降流。

世界主要洋流

世界主要洋流有：

太平洋：北赤道暖流、台湾暖流（日本暖流，即黑潮）、北太平洋暖流、阿拉斯加暖流、堪察加寒流（亲潮）、千岛寒流（亲潮）、滨海寒流、加利福尼亚寒流、赤道逆流（反赤道流，系暖流）、棉兰老暖流、南赤道暖流、东澳大利亚暖流、西风漂流（寒流）、合恩角寒流、秘鲁寒流（洪堡德洋流）、埃尔·尼纽暖流。

大西洋：北赤道暖流、圭亚那暖流、加勒比海暖流、佛罗里达暖流、安的列斯暖流、墨西哥湾暖流（简称湾流）、北大西洋暖流、伊尔敏格尔暖流、西格陵兰暖流、拉布拉多寒流、加那利寒流、赤道逆流（暖流）、几内亚暖流、南赤道暖流、巴西暖流、合恩角寒流、马尔维纳斯（福克兰）寒流、西风漂流（寒流）、本格拉寒流、厄加勒斯暖流。

印度洋：季风暖流、赤道逆流（暖流）、南赤道逆流、索马里暖流、莫桑比克暖流、马达加斯加暖流、厄加勒斯暖流、西风漂流（寒流）、西澳大利亚寒流。

北冰洋：挪威暖流、北角暖流、斯匹次卑尔根暖流、北冰洋寒流、东格陵兰寒流、东冰岛寒流。

渔场的形成条件

渔场的形成首先要有丰富的鱼饵，一般沿海大陆架海域，即从海岸延伸到水下大约200米深的大陆海底部分，特别是大江大河的入海口大都可以成为优良的渔场。入海河流带来丰富的营养盐类，这里阳光充足，并且有大量的浮游生物，充足的光照为这些生物的光合作用提供了丰富的原料，它们大量的繁殖，为鱼类的繁殖和生长提供了丰富的饵料。另外，外海盐度比较高的水与沿岸盐度比较低水交汇，形成混合海水区，以及冷、暖洋流交汇的海域和深海中有自下而上的上升水流涌升海域等，这些地方也有鱼类生长繁殖所需要的饵料，适宜的水温和盐度也有利于形成产卵，也可成为良好的渔场。

世界四大渔场

洋流对渔场有一定的影响，从而形成了世界著名的四大渔场：

北海道渔场：是由日本暖流与千岛寒流交汇形成的，是世界第一大渔场。渔业资源丰富，主要产鱼类型：鲑鱼、狭鳕、太平洋鲱鱼、远东拟沙丁鱼等。

秘鲁渔场：是由秘鲁沿岸的上升补偿流形成的。鳀鱼体扁平，身长10厘米左右，呈蓝绿色，形似沙丁鱼，习称秘鲁沙丁鱼。秘鲁所产的鱼大都用来做成鱼油出口。

北海渔场：是由北大西洋暖流与东格陵兰寒流交汇形成的。主要产鳕鱼、鲱鱼、毛鳞鱼等。

纽芬兰渔场：是由墨西哥湾暖流与拉布拉多寒流交汇形成的。主要产鱼类为鳕鱼。

（十二）

岩石、土壤和矿物

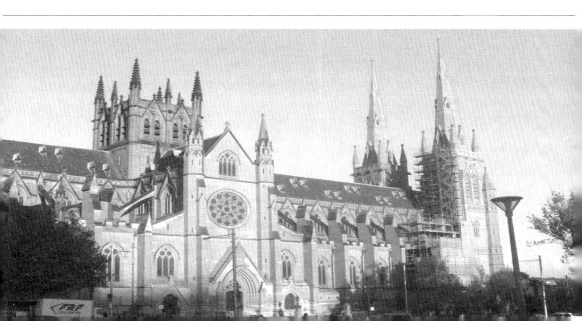

岩石

我们知道地球是一个由不同物质和不同状态的同心圈层构造所组成的球体。这些圈层可以分为外部圈层和内部圈层。其内部圈层可以分为地壳、地幔、地核。地壳深处和上地幔的上部主要由火成岩和变质岩组成。其中地壳就是由岩石构成的，也就是说，岩石组成地球的外壳，覆盖在地球的表面。岩石有各式各样的种类，通常我们所说的石头，就是岩石破碎之后的东西。那什么是岩石呢？

岩石是指地球上部由各种地质作用形成，由一种和几种矿物或天然玻璃组成，具有稳定外形的固态集合体。岩石是地壳发展过程中的产物，它的种类很多，一般分为岩浆岩、沉积岩和变质岩三大类。

岩石的构成和分类

一般来讲，岩石是由矿物如：花岗岩是由石英、长石和黑云母构成的；橄榄岩是由橄榄石和辉石构成的。

岩石按其所组成矿物的种类分为单矿岩和复矿岩。其中由一种矿物组成的岩石叫做单矿岩，如：大理岩由方解石组成；由几种矿物组成的岩石叫做复矿岩，如：花岗岩。

岩石按其成因分为岩浆岩、沉积岩和变质岩。其中岩浆岩是由高温熔融的岩浆在地表或地下冷凝所形成的岩石，又称为"火成岩"，在地球上岩浆岩所占比重最大，为64.7%；沉积岩是在地表条件下由风化作用、生物作用和火山作用的产物一些外力的搬运、沉积和固结而形成的岩石，比重占7.9%；变质岩是由先成的岩浆岩、沉积岩或变质岩，由于其所处地质环境的改变经变质作用而形成的岩石，比重占27.4%。在三大类岩石中，沉积岩在地表的分布最广，占所有岩石分布面积的75%，是地表的主要岩类。

土壤

土壤是指陆地表面具有肥力、能生长植物的疏松土层。它是在生物、气候环境和人为耕作措施影响下发育起来的。是由固体（矿物质、有机物）、液体（水分）、气体（空气）三种形态的物质组成的。

土壤是植物赖以生存的沃土。

它是在各种成土因素非常复杂的相互作用下形成的。土壤的形成与许多因素都有关系。风化作用使岩石破碎，理化性质改变，形成结构疏松的风化壳，这便是原始土壤形成的基础，称为土壤母质。气候对土壤的形成有直接影响和间接影响。气候可以通过土壤与大气之间经常进行的水分和热量交换来影响土壤的热状况和物理化学性质。气候还可以通过影响岩石的风化过程以及植被类型等影响土壤的形成和发育。生物是土壤有机物质来源和土壤形成过程中最活跃的因素。土壤肥力的产生与生物的作用密切相关。地形通过引起物质和能量的再分配来影响土壤的形成。另外，时间和人为因素也会影响土壤的形成。

土壤分类

不同的国家对于土壤有不同分分类，我国土壤分类如下：

土纲：是对某些有共性的土类的归纳与概括。把具有相近成土过程的土壤划为同一土纲。

土类：土类是高级分类中的基本分类单元。

土纲	土类
铁铝土	砖红壤、赤红壤、红壤、黄壤
淋溶土	黄棕壤、棕壤、暗棕壤、灰黑土、漂灰土
半淋溶土	燥红土、褐土、灰褐土
钙层土	黑垆土、黑钙土、栗钙土、棕钙土、灰钙土
石膏岩层土	灰漠土、灰棕漠土、棕漠土
半水成土	黑土、白浆土、潮土、砂姜黑土、灌淤土、绿洲土、草甸土
水成土	沼泽土、水稻土
盐碱土	盐土、碱土
岩成土	紫色土、石灰土、磷质石灰土、黄绵土、风沙土、火山灰土
高山土	山地草甸土、亚高山草甸土、高山草甸土、亚高山草原土、高山草原土、亚高山漠土、高山漠土、高山寒冻土

矿物及其分类

地壳中的化学元素，在一定地质条件下，结合成具有一定化学性质和物理性质的单质或化合物就是矿物。矿物是元素或化合物的天然产物，它是一切地质体的最基本组成单元。地球上已经发现的矿物有3000多种。大部分矿物是固态的，也有气态的和液态的。一般矿物具有如下特点：

1.矿物是天然生成的，即矿物是地质作用的产物。虽然矿物没有生命，但也是在漫长的地质历史时期，在自然界里缓慢形成的。

2.每种矿物都有特定的化学成分。绝大多数矿物是由两种和两种以上的元素化合而成的，例如：二氧化硅，有的矿物是由单质元素组成的，如：金刚石和石墨。

3.矿物具有一定的化学和物理性质，例如：有的矿物易溶于水，有的矿物不溶于水；有的矿物导电，有的矿物不导电。

4.矿物是均匀的而且各部分均一，像花岗岩，它是由钾长石、斜长石、石英及黑云母等多种互不相同的物质组成的，就不是矿物，而是岩石。

矿物一般可以分为五大类，大类以下根据阴离子的种类又分为类以及亚类。

第一大类：自然元素矿物

第二大类：硫化物及其类似化合物矿物

第一类：单硫化物及其类似化合物矿物

第二类：对硫化物及其类似化合物矿物

第三类：硫盐矿物

第三大类：卤化物矿物

第一类：氟化物矿物

第二类：氯化物矿物

第四大类：氧化物和氢氧化物矿物

第一类：氧化物矿物

第二类：氢氧化物矿物

第五大类：含氧盐矿物

第一类：碳酸盐、硝酸盐、硼酸盐、砷酸盐、钒酸盐矿物

第二类：磷酸盐、钨酸盐、硫酸盐、铬酸盐、钼酸盐矿物

第三类：硅酸盐矿物

第一亚类：岛状结构硅酸盐矿物

第二亚类：环状结构硅酸盐矿物

第三亚类：链状结构硅酸盐矿物

第四亚类：层状结构硅酸盐矿物

第五亚类：架状结构硅酸盐矿物

矿石品位

矿石品位指的是矿石或产品中所含有用成分的百分含量，是衡量矿石经济价值的主要指标。矿石品位的表示一般有以下几种类型：重量百分比：一般用来表示含量比较多的物质，如铁、铜等；用克/吨表示：如金、银；用克/立方米表示：砂金矿；用克/升表示：如碘、溴等。矿石品位一般分为最低工业品位和边界品位。最低工业品位是独立开采矿段有益组分平均含量的最低指标；边界品位是单个试样有益组分含量的最低指标，通常根据这个品位来区分矿石和废石。

矿床

矿床指的是由地质作用形成的、有开采利用价值和经济价值矿物的聚集地。在矿床中自然界中分散存在的矿质富集到了一定的程度。我们知道地壳中存在着人类需要的各种元素，但是人类真正能够利用的除了少数可以用做建筑材料的岩石之外，大多数岩石并不能提炼出人类所需要的各种元素。由于我们需要的元素在多数岩石中的含量特别低，如果将它们开采出来并提炼出人类所需的元素会耗费太多的金钱，得不偿失。矿床便是所含有经济价值的元素比较集中的岩石，将它开采和提炼出来的元素价值要远远大于开发它的付出。矿床有许多种类，固体矿床分布最广，液态矿床有石油、热卤水和地下水，气态矿床有天然气。按成矿作用方式，矿床可分为内生矿床、外生矿床和变质矿床。按矿产性质和工业利用情况可分为金属矿床、非金属矿床和能源矿床。

矿物的鉴定

矿物的鉴定就是要确定此矿物的种类和名称。矿物鉴定有许多方法。有些矿物有显著的物理性质，如外形、颜色、矿度和解理等或者有特殊的光学性质等，可以直接用肉眼或者放大镜鉴定。光泽一般可分金属及非金属两大类。非金属光泽又有玻璃光泽、丝绢光泽、油脂光泽、金刚光泽等。有些矿物不具有明显的物理和化学特征，必须用仪器或者更复杂的方法加以鉴定。

如用 X 光分析法矿物内部原子排列进行鉴定，把电子射束照射在矿物上可以直接测定矿物的化学成分，从而来鉴定矿物的类型，以及鉴定矿物显微晶体光学特征的光学显微镜法等。

金属矿物

　　金属矿物指的是表面呈可见金属光泽、具有明显金属性的矿物。金属矿石是指能够提炼出金属元素的有用矿石原料。金属一般具有延展性、导热导电性等。包括黑色金属和有色金属。如黑色金属包括铁、铬、锰三种；有色金属是除铁、铬、锰以外的全部金属。金属按密度可以分为轻金属和重金属。另外金属还可以被分为常见金属和稀有金属。金属具有一定的机械性能、工艺性能和化学性能等。有的金属比较耐腐蚀，有的金属抗氧化性能比较强等。

晶体

晶体指的是具有整齐规则的几何外形、固定熔点和各向异性的固态物质，它是物质存在的一种基本形式。组成晶体的原子或分子都是按一定顺序有规律地排列的。晶体的结构是对称的。晶体不能用肉眼直接看出来，但是地球表面绝大部分物质都是由晶体构成的。因为地壳是由岩石构成的，而许多岩石都含有晶体矿物。晶体有很多种类，按其结构粒子和作用力的不同可分为离子晶体、原子晶体、分子晶体和金属晶体。如我们每天都离不开的食盐氯化钠就是离子晶体；金刚石是原子晶体；石英是分子晶体等。

宝石矿藏

我们常见许多首饰有着迷人的光泽，有的是用宝石制作的，这些宝石当然来源于宝石矿藏。宝石矿藏是具有宝石价值的天然矿物的总称。宝石指自然界中色泽艳丽、质地晶莹、透明的单矿物晶体。它具有比较大的硬度，化学性质稳定。如：琥珀、珍珠、珊瑚等。

宝石矿藏多是自然元素，氧化物或含氧的盐类矿物，其中硅酸盐矿物占一半。在自然界已经发现的3000多种矿物质中，符合宝石矿藏条件的只不过有20多种。其中的珍贵宝石矿藏有钻石、祖母绿、红宝石、蓝宝石、猫眼、变石和翡翠等。钻石以无色透明、光彩辉煌者为瑰宝；祖母绿、红宝石和蓝宝石则以其瑰丽的色彩享得美名。国际宝石界把除钻石以外的宝石统称为有色宝石，它们在价值和档次上都有差别。所以宝石具有极高的观赏和收藏价值，并可以制作成多种首饰。

（十三）

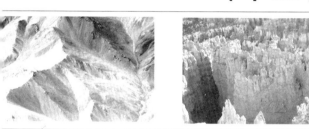

气候气象奇观

海市蜃楼

有时在平静的海面、大江江岸、湖面、草原或沙漠等地方，会在空中或"地下"出现高楼大厦、城市村庄、树木等景象，这些景物还可以运动，栩栩如生。这便是神奇的"海市蜃楼"。在气象学中被称为"蜃景"。

海市蜃楼是经常发生在沿海地区的一种光学幻境，有时在沙漠中也可以见到。海市蜃楼是一种光学幻景，是地球上物体反射的光经大气折射而形成的虚像。由于不同的空气层有不同的密度，而光在不同密度的空气中又有着不同的折射率。海面上暖空气与高空中冷空气之间的密度不同，对光线折射，这种折射所出现的像会出现在海面上，有时会发生全反射，使本来看不见的远处物体通过不断的折射和全反射，便进入了观察者的眼帘。所以这些景物有可能来自非常遥远的地方。海市蜃楼的出现与地理位置、地球物理条件和那些地区的气象特点有密切关系。海市蜃楼常分为上现、下现和侧现海市蜃楼。近地面层是强逆温时空气密度随高度强烈减少，远方地平线处的楼宇等的光线经折射进入观测者眼帘，便出现上现蜃景。

极昼

极昼又称"永昼"，指极圈以内地区太阳连续几个月不落的现象。每年6月22日夏至这天，太阳直射北纬23.5°，这时北极圈以内的地区太阳整日不落，这种现象叫做"极昼"，每年南北两极，"极昼"、"极夜"交替出现。极昼的时间长短因纬度的不同而不同，极昼在极圈上是一天，向两极逐渐加长，所以南北两极地区的一年内有连续六个月是极昼。"极昼"时，每天二十四小时始终是白天，要是碰上晴天，即使是午夜时刻也是阳光灿烂，就像大白天一样的明朗。但是除了南北两极，一天内太阳仍有高度和方位的变化。

极夜

极夜又称"永夜"，指极圈以内地区连续几个月都是晚上的现象。当太阳直射北半球时，南极圈以内的地区就会出现极夜，每年南北两极，"极昼"、"极夜"交替出现。

极夜的时间长短因纬度的不同而不同，极夜在极圈上是一天，向两极逐渐加长，所以南北两极地区的一年内有连续六个月是极夜。"极夜"时，每天二十四小时始终是晚上，只有点点繁星，是不可能看见太阳的。当北极圈处于极昼的时候，南极圈是极夜，当北极圈处于极夜的时候，南极圈是极昼。

世界冷极

世界冷极最早是在北极地区测到的。一般来说，南北极的气温是世界上气温最低的地方。以平均气温来说，北半球的冷板在格陵兰岛的埃斯密脱，年平均温度为-32.5℃；而南半球的冷板在南极洲，位于南纬78"东经960的地方，年平均气温是-58℃。1838年，俄国商人尼曼诺夫路经西伯利亚的亚尔库次克，无意中测得了一次-60℃的最低温度，在当时引起了一场轰动。1885年，在北纬64°的奥依米糠，人们测得了-67.8℃的最低温度，于是这个地方被冠以世界冷极的称号。1967年，挪威科学家在南极点附近测到了-94.5℃的新纪录。在这种气温下，汽油都会凝固，煤油已经不能再继续燃烧，橡胶变硬甚至发脆，就连人们呼吸出来的热气，都会在空中凝固。成了当之不愧的世界冷极。于是世界冷极就从北半球迁移到南极去了。

火洲

火洲指的是中国的吐鲁番盆地，它位于天山东段南麓，北倚白雪皑皑的博格达峰，在博格达山脉与库鲁克塔克山脉之间，四周是高山，形成了一个盆地。盆地北部绵延100多千米、宽10千米、海拔500多米，其最高峰在胜金口附近，也只有850多米。这里是欧亚大陆腹心，深居内陆，远离海洋，周围为大面积的干旱区，中间有座低山火焰山。这里终年阳光炙烤着大地，红色砂岩闪烁着红光，一般温度都在40℃以上，1965年7月，出现了气温48.9℃的最高纪录，是我国最热的地方。据说在沙土里可以"煮熟"鸡蛋，石头上可以"烙饼"。有"火洲"之称。

由于远离海洋，海洋上湿润的气团无法进入这里，天山又阻隔了西来的大西洋水汽，由于这里是一个盆地，地势过低，山地与盆地的短距比很大，气流下沉增温产生的焚风效应，就使其干燥炎热。又由

于这里戈壁沙漠面积大，没有草木，白天吸收了大量的太阳光照产生的热量，又无法散去，便形成了这个自然奇景，是北纬42°线上世界唯一的"热火炉"。

曙暮光

曙暮光是一种自然现象，它的形成是因为空气分子对阳光的散射。早晨太阳还没有升起到地平线以上的时候，光线照射到高层大气，受到大气分子的散射，天空已经有微亮，从这时刻起到太阳露出地平线为止的光亮称曙光，这就是我们所说的黎明时期。傍晚日落后，太阳已经西沉到地平线以下，仍有一段时间阳光可照射到高空大气，由于空气分子对阳光的散射，天空和地面并不是一片黑暗，仍然有一段时间的微亮，这段时间的光称暮光，这就是我们所说的黄昏。曙光和暮光合称为"曙暮光"。

曙暮光通常分为民用曙暮光、航海曙暮光和天文曙暮光。民用曙暮光指黄昏时从日落至太阳中心移到地平线下6°的一段时间或早晨太阳中心由地平线下6°上升至日出的时段。航海曙暮光及天文曙暮光分别为太阳中心在地平下12°和18°至日出及日落至太阳中心在地平线下12°和18°的时段。天文曙暮光持续的时间在赤道最短，随纬度增加而增加。航海曙暮光的亮度在民用曙暮光和天文曙暮光之间。

佛光

佛光是一种神奇的自然现象，由于人看到佛光时，自己影子的周围是一圈圈彩色的光环，有红色、蓝色或别的颜色，光环中出现自己的身影，影随人动，很像神话传说中的佛祖。所以此种现象被称为"佛光"，由于这种现象最早发现在我国的峨眉山，所以又称"峨眉宝光"。

佛光是一种非常特殊的自然物理现象，是阳光照在云雾表面所起的衍射和漫反射作用形成的。佛光的出现要阳光、地形和云海等众多自然因素的结合，只有在极少数具备了以上条件的地方才可欣赏到。有一些山中，云雾缭绕，比较容易发生佛光。如：四川的眉山的舍身岩就是一个难得的观赏场所。太阳从观赏者的身后将人影投射到观赏者面前的云彩之上，云彩中的细小冰晶与水滴形成独特的圆圈形彩虹，人影正在其中。夏天和初冬的午后，舍身岩下云层中骤然幻化出一个红、橙、黄、绿、青、蓝、紫的七色光环"佛光"由外到里，按红、橙、黄、绿、青、蓝、紫的次序排列，直径约 2 米左右。有时阳光强烈，云雾浓且弥漫较宽时，则会在小佛光外面形成一个同心大半圆佛光，直径达 20~80 米，虽然色彩不明显，但光环却分外耀眼。

地光

发生地震时，由于地下岩石发生破裂、错断，岩石间产生相对摩擦滑动等会产生一种电磁效应，会产生放电现象，并沿着断裂缝隙通向大气层，在低空引起大气电离，人们便会看到天空发光。这种自然现象被称为"地光"。

通常时候，小地震不会出现地光现象，只有那些比较大的地震才可引起地光现象。而且一次大地震影响范围很大，居住在很远地方的人也有可能看到地光。地光自古就有不少记载。1965—1967 年，日本松代地震群地震期间，就留下难得的地光照片。中国 1976 年唐山大地震，震前的地光现象非常突出。大多时候地光是与地震同时发生的，有时候会在震前几小时和震后短时间内看到。地光有许多种形状，如：带状光、闪光、柱状光、片状光等。颜色有多种多样，有白里发蓝的、红色的、紫色的、白色的，也有的是黄色和绿色的，其中以白里发蓝的为多。

（十四）

自　然　灾　害

温室效应

温室效应是全球面临的一个十分严峻的环境问题，又称"花房效应"，是大气保温效应的俗称。它能使全球变暖，气温升高。犹如种植花卉保温的温室，所以又称"温室效应"。

太阳通过短波辐射为地球提供热量，地球以长波辐射向外层空间放出热量，这两个过程使地球表面温度基本恒定。有一些气体会把地球向外辐射的长波吸收，以二氧化碳为主。引起温室效应的主要因子是大气中的水汽、二氧化碳和云，另外微量气体如甲烷、氮氧化物也可以引起温室效应。近百年来，随着工业化社会的推进、人类活动的加剧、树木的乱砍滥伐、人民生活水平的提高，燃烧了越来越多的煤炭、石油和天然气，这些燃料燃烧后放出大量的二氧化碳气体进入大气。二氧化碳、甲烷和氮氧化物等温室气体增加很快，这种地球大气的温室效应导致了全球范围内气候的变暖。温室效应对自然环境造成了众多危害，它能破坏地球上的生态环境，沙漠化严重，使得一些动物灭绝。两极冰川的融化使得海平面上升，一些沿海城市受到威胁。科学家预测，今后大气中二氧化碳每增加1倍，全球平均气温将上升$1.5℃~4.5℃$，而两极地区的气温升幅要比平均值高3倍左右。

酸雨

人类对大自然的索取也让大自然给了许多报复，其中之一就是酸雨。pH值小于5.6的雨叫酸雨，被称为"空中的死神"。

酸雨是由于工业生产排放出来的二氧化硫、氮氧化物等被烟尘中的金属离子氧化后，与大气中的水汽结合成雾状的酸，随雨水降下而形成的。工业中矿物燃料的燃烧和金属的冶炼排出了大量的二氧化硫，是造成酸雨的罪魁祸首。目前，全球有三大酸雨地区：西欧、北美和东南亚。我国的华中酸雨区是我国中心强度最高的污染区。酸雨危害极大，它可以直接使大片森林死亡、农作物枯萎；也会抑制土壤中有机物的分解和氮的固定，造成土地贫瘠。酸雨下到湖泊中，能使湖泊几乎所有生物灭绝。酸雨会对文化古迹造成不可修复的毁坏，如：印度的泰姬陵变色，大理石失去了原有的白色光泽。目前主要用对原煤的

脱硫技术来减少酸雨的发生。

厄尔尼诺

厄尔尼诺现象是太平洋赤道带大范围内海洋和大气相互作用后失去平衡而产生的一种气候现象，是太平洋洋流间或出现的逆转现象。

在赤道南北两侧，由于常年受到东南信风和东北信风的影响，形成了两股自东向西的洋流。从太平洋东部流出的海水，靠下层海水上涌补充，由于下层海水比较冷，因此太平洋海面的水温是西高东低。这两股洋流到达大洋彼岸后，有一部分形成反向逆流，叫赤道逆流。由于南半球东南信风突然变弱，赤道洋流也变弱，太平洋东部上升的

冷水少，更多暖水随赤道逆流涌向太平洋东部。太平洋洋面的水温就变成东高西低了。这便形成了厄尔尼诺现象。

全球气候异常与形成厄尔尼诺现象的厄尔尼诺暖流有密切联系。它是反映大洋海水温度和气候异常变化的原因。厄尔尼诺在不同的地区有不同的定义，对居住在印度尼西亚、澳大利亚和东南非的人来说，厄尔尼诺是产生森林火灾和严重干旱的致命原因；在厄瓜多尔和秘鲁等地区的人认为此现象会带来暴风雨，引发洪水和泥石流。厄尔尼诺现象是周期性出现的，大约每隔2~7年出现一次。厄尔尼诺的全过程分为前兆阶段、异常发展阶段、成熟阶段和恢复常态四个阶段。持续

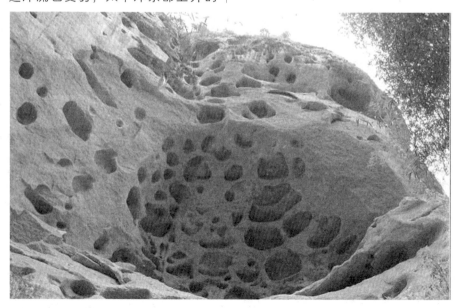

长短不一。历时一般一年左右，暖水的扩展范围也不同，大气的变化滞后于海水温度的变化。

海啸灾害

海啸是海浪中破坏性最大的波浪，是一种危害较大的自然灾害。它是由海底地震、火山爆发或水下塌陷和滑坡所激起的巨浪，是一种频率介于潮波和涌浪之间的重力长波，其波长约为几十到几百千米，周期为2~200分钟。海啸震源的水面最初升高的幅度大致在一两米之间。海啸在深海传播时不易被察觉。海啸平均每年发生一次，但破坏性的海啸在地震构造运动出现断层、震源深度小于50千米、震级大于6.5时才发生。世界上的海啸大都发生在太平洋地区，受海啸灾害最重的国家有日本、智利、秘鲁、夏威夷群岛和阿留申群岛沿岸。在海岸会激起巨大的浪涛，给周围的城市和居民造成巨大的损失，使建筑物坍塌，甚至毁坏一个城市。

洪水

唐太宗李世民言"水能载舟，亦能覆舟"。可见水的威力是巨大的。洪水指的是当河、湖、海所含的水体上涨超过常规水位时的水流现象。洪水常被人们形容为"猛兽"，威胁沿河、滨湖、近海地区的安全，甚至造成淹没灾害。我国古代就有对洪水的记载。由于人类的活动，地球上各处出现了明显的气候变化，人类对大自然的不断索取，对环境的污染和破坏，尤其是对树木的砍伐造成了大大小小的水灾。我国的黄河曾经多次发生过洪水。洪水主要可以分为暴雨洪水和冰雪洪水。其中暴雨洪水是由暴雨引起江河水量迅速增加并伴随水位急剧上升的现象。它又可以分为三种：雷暴雨洪水，又称"骤发暴雨洪水"，历时短，来势猛，往往在小流域上造成严重的灾害；台风暴雨洪水，一般是由沿海台风产生暴雨造成的；锋面暴雨洪水，由冷暖气团交锋而产生的暴雨引起的洪水，一般历时较长，强度小而且降水总量大。冰雪洪水是由冰川和积雪融化造成的，是季节性洪水，突然爆发，历时短，危害极大。

杀人雾

杀人物指的是伦敦的一次烟雾

污染。这是一个最典型的空气污染事件。发生在20世纪50年代，这场烟雾4天夺走4000多条人命。过后的两个月中，又陆续有8000多人死亡。

19世纪中期，正是英国工业革命时代，伦敦仍用煤发电，工业革命燃烧了大量的煤。距市中心不远有许多工厂，居民家庭用煤取暖，蒸汽机车拖着列车穿梭于伦敦和各大城市之间，对卡车和小汽车尾气污染也不加控制。这些煤的燃烧以及大量的汽车尾气排放出许多二氧化碳和烟尘，飘浮在空气中。伦敦又是一个多雾的城市，有一次一场浓雾笼罩着伦敦，空气中的污染物与雾混合在一起，彼此产生化学反应。4天后污染浓度增强了10倍，毒性加强。于是死伤很多人。

崩塌

崩塌又称崩落、垮塌或塌方。常发生在大暴雨和强烈地震之后。指的是较陡斜坡上的岩石、土体在重力作用下突然脱离山体崩落、滚动到坡脚的一种地质现象。崩塌一般速度快，规模差异大，也是一种发生在山体的自然灾害。按照坡地物质组成可以把崩塌分为：崩积物崩塌、表层风化物崩塌、沉积物崩塌、基岩崩塌等。按照崩塌体的移动形式和速度可分为散落型崩塌、滑动型崩塌、流动型崩塌等。崩塌可以用遮挡；在有水活动的地段，布置排水构筑物，以进行拦截与疏导；在易风化剥落的边坡地段，修建护墙，对缓坡进行水泥护坡等方法进行防治。

雪崩

雪崩指的是山坡上的积雪内聚力小于它所受的外力作用时，向下滑坡动，并在山坡积雪中发生连锁反应，引起了大量雪体崩塌的现象。速度快，崩塌量大。常发生在降雪丰富和积雪期较长的中、高地区，是一种严重的自然灾害。对登山者、当地居民和旅游者是很严重的威胁。被人们称为"白色死神"。

雪崩的形成和发展可分为如下几个区段：形成区、通过区、堆积区。其形成与积雪厚度、山坡和沟槽的坡度等都有关系。雪崩按雪的性质可以分为雪板雪崩和松雪雪崩；按雪的含水量分为干雪雪崩和湿雪雪崩；按滑动面分为层内雪崩和全层雪崩；按雪的运动特征分腾空雪崩、地面雪崩和混合雪崩。它们的形成和发生有不同的地貌和气候条件。雪崩的冲击力量是非常惊人的。它会以极快的速度和巨大的力量卷走眼前的一切。1970年秘鲁的安第斯山发生的一次雪崩摧毁了山峰下的城市，受灾面积达23平方千米，是世界上最大的雪崩灾害。

泥石流的危害

泥石流指的是突然爆发的饱含大量泥沙和石块的特殊山洪，存在于世界上近50多个国家。它常常来势凶猛、迅速并兼有崩塌、滑坡和洪水，破坏力极大，泥石流所到之处，一切尽被摧毁，常造成生命财产的重大损失。

泥石流对人类的危害具体表现在以下几个方面：

对居民点的危害：泥石流一旦冲进乡村，就会对居民和建筑物造成巨大的危害，它甚至能淹没整个村庄，居民死伤无数。

对公路及铁路的危害：泥石流会埋没铁路、公路等设施，造成交通阻塞、重大人身伤亡事件；对水利水电工程的危害：泥石流会冲毁水电站、引水渠道及过沟建筑物，淤埋水电站尾水渠，造成大面积停电，给工业生产带来无法估量的损失。

对矿山的危害：会使矿山报废，造成矿山人员的伤亡。1970年秘鲁瓦斯卡兰山爆发的泥石流和1985年哥伦比亚的鲁伊斯火山泥石流是20世纪最大的两次泥石流。造成了许多人死亡和巨大的经济损失。

干旱与旱灾

我们通常将年降水量少于250毫米的地区称为干旱地区，年降水量为250~500毫米的地区称为半干旱地区。旱灾的形成主要取决于气候，这些地区由于降雨稀少和气候干旱会产生旱灾。世界上干旱地区约占全球陆地面积的25%，大部分集中在非洲撒哈拉沙漠边缘、中东和西亚、北美西部、澳洲的大部和中国的西北部。旱灾是普遍性的自然灾害，不仅农业受灾，严重的还影响到工业生产、城市供水和生态环境。我国古代就有许多关于旱灾的记载，最早的旱灾记载始于公元前206年，从那时起至1949年的2155年中，发生过较大的旱灾1056次，平均两年一次。最严重的干旱首推明朝崇祯年间的大旱，连旱17年、赤地千里、民不聊生。

干旱大多持续时间较长，影响远大。20世纪30年代美国中西部的严重旱灾造成人口大量迁徙到西海岸。1970—1985年间的埃塞俄比亚由于持续干旱遭受了历史上最具有破坏性的大饥荒。这两个例子足以说明旱灾对人类的巨大危害。

干热风

干热风又称"干旱风"，是在暖季出现的一种又干又热并具有一定风力的灾害性天气。在北方主要危害小麦，是北方麦产区的主要农业气象灾害之一。发生干热风时，温度显著升高，湿度大幅度降低，导致小麦的根系吸水不足，小麦枯萎甚至死亡。

各地划分干热风的指标不同，一般以日最高气温≥30℃、14时相对湿度小于30%（水稻区60%）、风速大于3米/秒作为干热风指标，中国的干热风可分为以下三种，高温低湿型：温度高，干旱，为北方产麦区受害的主要类型；雨后枯熟型：这种干热风是雨后晴天，温度特别高，多发生在华北和西北等地；旱风型：温度比较低、可以小于30℃，风速大，多发生在苏北、皖北等地。干热风会使农作物严重减产，使一个国家的农业受损。目前主要以营造防护林和选用耐干旱的农作物产品作为防治干热风的措施。

洪涝灾害

众所周知，洪水是河流水位超过河滩地面出现的溢流现象，一旦洪水冲垮河岸、湖岸，对人类的生产和生活带来损害，就会形成洪涝灾害。

洪水可以冲垮房屋、淹没农田和村庄、造成人类和家畜的死亡，有时候还会引起瘟疫和传染病的暴发，洪涝灾害还会造成水、电力、交通、能源等的中断，城乡商业活动的停止和生活秩序的紊乱。总之它给人类带来的损失是巨大的。洪水的形成主要是因为短时间内的暴雨或长时间的持续性降水。人类对植被的破坏和对森林的砍伐，导致河流水土流失，河床泥沙淤积，围湖造田导致湖泊蓄水能力下降等活动又加速了洪涝灾害的发生。例如：我国1998年长江和松花江流域发生的特大洪水引起了严重的洪涝灾害，直接经济损失超过了2000亿元。一般洪涝灾害的防治包括两个方面：一是减少洪涝灾害发生的可能性，另一方面尽可能使已经发生洪涝灾害的损失降到最低。比如建立防洪工程，具体表现为修建堤坝、整治河道、修建水库等。

冻害

冻害指的是0℃以下的低温使作物体内结冰，对作物造成伤害的一种农业气象灾害。冻害常出现在持续低温的天气之后，高纬度地区发生较多。有越冬作物冻害、果树冻害和经济林木冻害等。冻害会造成作物的减产。冻害中不同作物受冻害的特点不同，如冬小麦可分为冬季严寒型、入冬剧烈降温型和早春融冻型等。冻害对农业威胁很大，如美国的柑橘生产、中国的冬小麦和柑橘生产常因冻害而遭受巨大损失。为了保护作物不受或少受伤害，应该做好防冻措施，如：播种深度适宜；北界附近实施沟播和适时浇灌冻水；果树夏季适时摘心，秋季控制灌水，冬前修剪、覆盖，如葡萄埋土、经济作物覆盖塑料薄膜等。

冷害

有时候作物在生长期遇到0℃以上的低温而受伤减产的现象叫做"冷害"。是一种气象灾害。这种灾害有时候会发生在20℃左右，因为作物受伤一般外表却没有变化，所以农民又称这种灾害为"哑巴灾"。受冷害危害最大的是水稻。比如我国四川省的水稻常遇到低温加连阴雨的灾害性天气，就容易烂根死秧。冷害一般包括干冷、湿冷和霜冻。干冷多发生在春节前，这种灾害对橡胶树危害最大；湿冷多发生在华南地区春节前后，会造成植物的烂心；霜冻多发生在冬季。预防冷害的措施有：适时种植与留芽、控制果期、当年种当年收等。

风暴

风暴指的是由于大风或气压剧烈变化而引起的一种天气变化。由于科里奥利效应，北半球的所有风暴都是逆时针方向旋转的。而南半球的风暴却是顺时针方向旋转的。开始，空气中有一阵紊乱的气流，后发展成一片低气压。风从周围的高气压区域渐渐进入中心区域。海水给空气加温，越靠近风暴中心温度越高，上升到一定高度时，会形成雷暴雨。如果条件合适，热带低气压有可能发展成为热带风暴，并形成飓风。海洋给风暴不断地补充热量，这种热量可以使得气流上升

得更快。气流被挤出了风暴顶部，就像烟从烟囱中飘出去一样。很快，风暴底部又有更多的气流涌进来，以此弥补被挤出的气流。这样，风暴相当于自己在给自己补充能量。由于一些外界因素，风暴的形成过程有可能被靠近风暴烟囱顶端的强风所阻断。

雷暴

发生雷雨天气时，三条以上闪电在很近的距离同时产生放电的现象，称为"雷暴"。雷暴也是一种威力巨大的自然灾害。它是一种伴有雷击和闪电的对流性天气，产生在强烈的积雨云中，云的上部常有冰晶，并伴有强烈的阵雨或暴雨，有时伴有冰雹和龙卷风。雷暴是大气中的放电现象，强雷暴天气出现有时还带来灾害，如雷击危及人身安全，家用电器、计算机机房直接遭雷击或感应雷的影响而损坏，有时还引起火灾等。雷暴产生时有时候会生成火球，直径从 15 到 2 米大小不等，也有直径很大的超过 5 米以上的火球，对人和建筑物造成了难以估量的伤害。

飑线

大气对流时经常组成一条狭窄的带状，对应着地面上有一条风向急转带，在这条带上天气现象类似孤立的局部雷雨，但要比局部雷雨严重得多，有时候伴随着冰雹。很久以来，人们把这条带称为"飑线"。

飑线的水平范围很小，长度从几千米到几百千米，宽度由少于1千米到几千米。垂直范围一般也就3千米。在飑线后部有雷雨高压，把与飑线相联系的从地面到高空的天气现象和天气系统，统称为飑线系统。飑线虽然属于中尺度天气系统，但其形成和发展与一定的大尺度天气形势有关。飑线多出现在高空槽后和冷涡的南或西南方；有时出现在高空槽前，副热带高压西北边缘的低空西南暖湿气流里；少数飑线产生于台风前部的倒槽或东风波里。从相应的地面形势看，大部分飑线的形成与冷锋有关，但是它带来的天气现象比冷锋要激烈得多，冷锋过境时一般引起的是大风，而飑线过境时有强烈的大风和冰雹。飑线的移动速度大于冷锋，有的可比冷锋快2~3倍。由于在同一气团中，降温后又会回到原来的温度，飑线过程时间短，一般不会超过一天。

龙卷风

龙卷风是一种自积雨云底部下垂的漏斗云接触到地面时带来的剧烈天气。龙卷风是一个猛烈旋转的圆形空气柱，它的中心气压很低，中心与外围之间的气压梯度力大，所以中心风速特别大，破坏性很强。龙卷风的形成与强雷暴云中强烈的升降气流有关。大气的不稳定性产生强烈的上升气流，由于上层急流中最大过境气流的影响，上升气流被进一步加强。由于与周围风的作用，上升气流在对流层的中部开始旋转，形成中尺度气旋，并且向地面和向上伸展。龙卷风有水龙卷和陆龙卷。其上端与云相接，下端有的悬挂在半空，有的与地面相接的称为"陆龙卷"，与水相接的称为"水龙卷"，有时同一块云中可以出现两个龙卷，一面旋转，一面朝前移动。龙卷风出现时，形如象鼻的漏斗云从积雨云底下垂，边旋转边前进，并发出巨大声响。漏斗云接近地面对人畜、建筑物破坏极大；经过水面，可吸水上升如柱，甚至

把小河吸干。龙卷风所经路程多在10千米左右，持续时间一般从几分钟到十几分钟。一般龙卷风所到之处会给人类带来巨大的损失。

冻雨

在冬天，地面气温在0℃以下时，有时会看到雨滴落在树枝、电缆上，使这些物体蒙上一层晶莹的冰层。这种水滴是一种温度低于0℃还未凝固的"过冷水滴"。这种呈过冷状态的水滴降下来的雨，气象上称为"过冷却雨"，它一接触到物体马上就会发生冻结，所以称为"冻雨"。冻雨的冻结温度非常低。冻雨是一种灾害性天气，因为冻雨接触到物体后，会立刻凝聚成冰层，冰层越聚集越大，这种凝状雾叫"雨凇"。雨凇凝聚在电线上，1米长的电线上会受到几公斤重的压力，两根电杆相距25米的电线就有受到100多公斤的额外负担，加上风吹引起的震荡，会使电线压断、电杆倒折，造成通信中断。雨凇凝聚在树木或高秆作物上，也会使主秆压倒或冻坏。

火山喷发

全世界有516座活火山，占世界火山的3/5，其中有69座是海底火山，大都分布在太平洋地区。火山喷发是岩浆等喷出物在短时间内从火山口向地表的释放。是地壳运动的一种表现形式，也是地球内部热能在地表的一种最强烈的显示。

火山中的岩浆中含大量挥发分，加之上覆岩层的围压，使这些挥发分溶解在岩浆中无法溢出，当岩浆上升靠近地表时，压力减小，挥发分急剧被释放出来，碎屑从地壳中喷发出来。火山喷发物有火山气体、熔岩和火山碎屑。喷发柱的形成又分为三个区，即：气冲区、对流区和扩散区。火山喷发类型按岩浆的通道分为裂隙式喷发（又称冰岛型火山喷发）和中心式喷发。中心式喷发又分为：宁静式、爆烈式和中间式。火山爆发喷出的大量火山灰和暴雨结合形成的泥石流能冲毁道路、桥梁，淹没附近的乡村和城市，使得无数人无家可归。泥土、岩石碎屑形成的泥浆可像洪水一样淹没整座城市。许多古城遗迹就是被埋在火山喷发的岩石灰之下的。

（十五）

主 要 大 洲

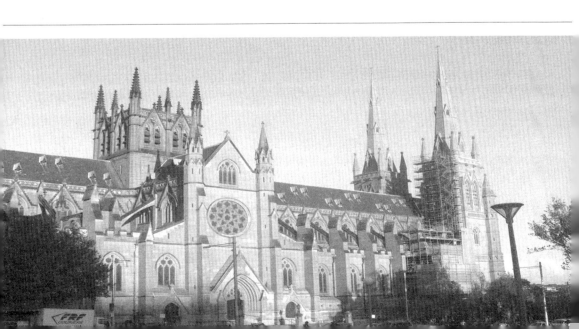

亚洲

亚洲的全称是"亚细亚洲"，意思是"太阳升起的地方"。它位于东半球的东北部，东临太平洋，南临印度洋，北濒北冰洋，西靠大西洋的属海地中海和黑海，是世界上最大的洲。亚洲面积 4400 万平方千米（包括附近岛屿），约占世界陆地总面积的 29.4%。

亚洲有 48 个国家和地区，分为东亚、东南亚、南亚、西亚、中亚和北亚。亚洲人口约占世界总人口的 66%，黄种人是亚洲最多的人，约占全洲人口的 3/5 以上，其次是白种人，有很少的黑种人。亚洲还是佛教、伊斯兰教和基督教三大宗教的发源地。亚洲大陆地跨寒、温、热三个气候带，气候类型复杂多样，主要特征是季风气候显著，影响范围广，温带大陆性气候分布广。亚洲自然资源和矿产种类繁多，有丰富的石油、铁、锡，储量都居各洲首位；森林总面积约占世界可开发森林总面积的 13%；可开发水力资源年可发电量达 26000 亿千瓦时，占世界可开发水力资源量的 27%；沿海渔场面积约占世界沿海渔场总面积的 40%。

非洲

非洲的全称是"阿非利加洲"。希腊里"阿非利加"是阳光灼热的意思。因为赤道横穿非洲的中部，非洲大部分土地受到太阳的垂直照射，年平均气温为20℃以上，热带占全洲的95%，有些地区终年炎热。非洲位于东半球的西南部，地跨赤道南北，东濒印度洋，西临大西洋，东北以红海和苏伊士运河为界与亚洲相邻，北隔地中海和直布罗陀海峡与欧洲相望，西北部的部分地区伸入西半球。

非洲占地面积约3020万平方千米（包括附近岛屿），约占世界陆地总面积的20.2%，仅次于亚洲，是世界第二大洲。2000年人口达7.94亿人，占世界总人口的12.9%，居世界第二位。其中大部分居民是黑种人，约占总人口的2/3，其余为白种人和黄种人。非洲目前有56个国家和地区，分为北非、东非、西非、中非、南非5个地区。黄金、金刚石、铁、锰、磷灰石、铝土矿、铜、铀、锡、石油等的产量都在世界上占有重要地位。非洲的尼罗河全长6671千米，是世界最长的河流。

欧洲

欧洲的全称是"欧罗巴洲"。"欧罗巴"意思是"日落的地方"或"西方的土地"。欧洲西临大西洋，北靠北冰洋，南隔地中海和直布罗陀海峡与非洲大陆相望，东与亚洲大陆连成一块，占地面积为1016万平方千米。

欧洲共有45个国家和地区，其中西欧大部分是发达国家，是世界上平均生活水平最高的洲。整个欧洲地势的平均高度为340米，以平原为主，南部耸立着一系列山脉，即有名的阿尔卑斯山系，海拔4807米的勃朗峰在法国境内，是西欧第一高峰。欧洲的河网稠密，水量丰沛。最长的河流是伏尔加河，长3690千米，其次是多瑙河，全长2850千米，是世界上流经国家最多的河。欧洲多岛屿和半岛，海岸线长3.8万千米，是世界上海岸线最曲折的洲。欧洲拥有人口7.28亿人，约占世界总人口的12.5%，是地球上人口密度最大的一个洲。欧洲99%的居民都是白种人，他们多信奉基督教，还有少数伊斯兰教徒。欧洲分为南欧、西欧、中欧、北欧和东欧5个地区。欧洲的矿物资源以煤、石油、铁比较丰富。

北美洲

北美洲的全称是"北亚美利加洲"，位于西半球北部，东濒大西洋，西临太平洋，北濒北冰洋，南以巴拿马大运河为界与南美洲相分。北美洲占地面积2422.8万平方千米（包括附近岛屿），约占世界陆地总面积的16.2%，是世界第三大洲。

北美洲有4.62亿人，约占世界总人口的8%。大部分居民是欧洲移民的后裔，其中以盎格鲁-萨克逊人最多，其次是印第安人、黑人。通用英语、西班牙语，其次是法语、荷兰语、印地安语等。居民主要信奉基督教和天主教。全洲人口分布很不均衡，绝大部分分布在东南部地区，其中以纽约附近和伊利湖周围人口密度最大，每平方千米在200人以上；而面积广大的北部地区和美国西部内陆地区人口稀少，每平方千米不到1人。北美洲有23个独立国家和十几个地区。分为东部地区、中部地区、西部地区、阿拉斯加、加拿大北极群岛、格陵兰岛、墨西哥、中美洲和西印度群岛

9个地区。1776年美国独立，19世纪许多国家相继独立。北美洲有世界上最大的淡水湖群——五大湖。格陵兰岛为世界最大岛。大部分属于温带和亚热带气候。北美洲主要矿物是石油、天然气、煤炭、铁、铜、镍、铀、铅、锌等。森林面积约占全洲面积的30%，约占世界森林总面积的18%。

南美洲

南美洲的全称是"南亚美利加洲"。它位于西半球的南部，东濒大西洋，西临太平洋，北濒加勒比海，南隔德雷克海峡与南极洲相望。一般以巴拿马运河为界与北美洲分开。

南美洲占地面积1797万平方千米，人口32500万，约占世界总人口的5.6%。人口分布不平衡，西北部和东部沿海一带人口稠密，集中在少数大城市。广大的亚马孙平原是世界人口密度最小的地区之一，每平方千米不到1人。南美洲主要为印欧混血种人、白种人、印第安人、黑种人。印第安人用印第安语，巴西的官方语言为葡萄牙语，法属圭亚那官方语言为法语，圭亚那官方语言为英语，苏里南官方语言为荷兰语，其他国家均以西班牙

语为官方语言。居民绝大多数信天主教，少数信基督教。南美洲大部分地区属热带雨林和热带草原气候。气候特点是温暖湿润，以热带为主，大陆性不显著。南美洲包括 13 个国家（哥伦比亚、委内瑞拉、圭亚那、苏里南、厄瓜多尔、秘鲁、巴西、玻利维亚、智利、巴拉圭、乌拉圭、阿根廷）和地区（法属圭亚那）。矿产资源储量丰富。委内瑞拉石油储量、巴西的铁矿储量居世界前列；天然气主要分布在委内瑞拉和阿根廷；煤主要分布在哥伦比亚和巴西；铝土矿主要分布在苏里南；智利铜的储量居世界第二位，秘鲁居第四位；铋、锑、银、硝石、铍

和硫磺储量均居各洲前列；锡、锰、汞、铂、锂、铀、钒、锆、钍、金刚石等矿物也很丰富。哥伦比亚绿宝石的储量是世界最多的。

大洋洲

大洋洲位于太平洋西南部和南部的岛屿和大陆，介于亚洲、南北美洲和南极洲之间，西邻印度洋，东临太平洋。大洋洲占地总面积约897 万平方千米，约为地球陆地总面积的 6%，是世界上最小的一个洲。广义的大洋洲还包括太平洋东南部的全部岛屿。

大洋洲有 14 个独立国家，其余十几个地区尚在美、英、法等国的管辖之下。它在地理上划分为澳大利亚、新西兰、新几内亚、美拉尼西亚、密克罗尼西亚和波利尼西亚 6 区。大洋洲居民约占世界总人口的 0.5%，绝大部分居民使用英语。除南极洲外，大洋洲是世界上人口最少的一个洲。居民多信奉基督教，少数信天主教，印度人多信印度教。大洋洲大部分地区处在南、北回归线之间，绝大部分地区属热带和亚热带，除澳大利亚的内陆地区属大陆性气候外，其余地区均属海洋性气候。大洋洲多火山，夏威夷岛的冒纳罗亚火山海拔 4170 米，是大洋洲最高的活火山。矿物质以镍、铝土矿、金、铬、磷酸盐、铁、银、铅、锌、煤、石油、天然气、铀、钛和鸟粪石等较为丰富。镍储量约 4600 万吨，居各洲前列；铝土矿储量 46.2 亿吨，居各洲第二位。

南极洲

南极洲，也叫"第七大陆"，是人类最后到达的大陆。它位于地球的最南端，由围绕南极的大陆、陆缘冰和岛屿组成，四周濒临太平洋、印度洋和大西洋，平均海拔 2350 米，内陆高原达 3700 米，是世界上地理纬度最高的洲，也是跨经度最多的一个大洲。

南极洲占地总面积约 1405 万平方千米，约占世界陆地总面积的 9.4%，是世界第五大洲。南极洲分东南极洲和西南极洲两部分。东南极洲从西经 30° 向东延伸到东经 170°，面积 1018 万平方千米。西南极洲位于西经 50°~160° 之间，面积 229 万平方千米。南极洲无定居居民，仅有一些来自其他大陆的科学考察人员和捕鲸队。南极洲的气候异常寒冷、风大和干燥。全洲年平均气温为-25℃，内陆高原平均气温为-56℃左右，极端最低气温曾达-89.8℃，南极洲几乎没有任何草木，是世界最冷的陆地。那里仅有的生物就是一些简单的植物和一两种昆虫。但是，海洋里却充满了生机。南极洲蕴藏的矿物有 220 余种，主要有煤、石油、天然气、铂、铁、锰、铜、镍、钴、铬、铅、锡、锌、金、银、石墨、金刚石等。

北极地区

北极地区又称"北极地方"，是

一片被浮洋覆盖的海洋——北冰洋，其包括亚洲、欧洲和北美洲大陆北部沿岸和岛屿。它陆地面积约为800万平方千米，总面积达2100万平方千米，约占地球总面积的1/25。北极海区最冷月平均气温可达-40℃~-20℃，暖季也多在8℃以下。气候严寒，多暴风雪。陆上冻土遍布，冬有极夜，夏有极昼。这里的植被主要为苔藓、地衣。动物主要有白熊、北极狐、驯鹿。北极地区约有人口700万，主要是因纽特人，以狩猎和捕鱼为生。北极地区蕴藏着丰富的石油、天然气、煤、金、铜、铅、锌等矿物和渔业资源。

（十六）

四 大 洋

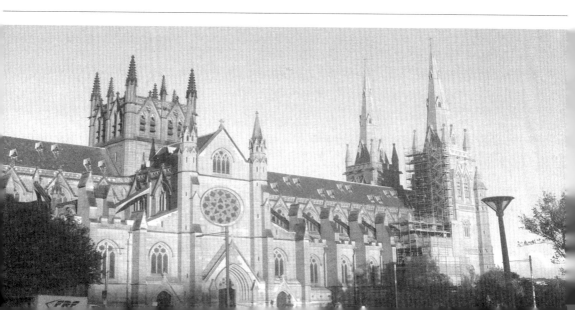

四大洋的形成

关于四大洋的形成，有多种说法，目前最具有说服力的是板块构造学说。板块构造是从大陆漂移说、地幔对流说和海底扩张说基础上发展起来的关于全球构造运动的最新的学说。

两亿年以前，全球大陆曾经连在一起。到了中生代，由于地球自转赤道与两极的离心力差，漂浮在地幔之上的大陆地壳发生了不等速的漂移，从而分裂成了几块，逐渐形成了现在全球大陆和大洋的分布状况，即 6 大板块：太平洋板块、欧亚板块、非洲板块、印澳板块、美洲板块、南极洲板块。这些板块的运动形成了我们今天所见的四大洋，即：太平洋、印度洋、大西洋、北冰洋。

四大洋的特点

地球上的四大洋有着各自的特点。

太平洋：是四大洋中最大、最深和岛屿、珊瑚礁最多的海洋，约有岛屿一万个，总面积占世界岛屿总面积的 45%。海水地形可以分为中部深水区域、边缘浅水区域和大陆架三部分。大多数活火山和地震都集中在太平洋地区。有"太平洋火圈"之称。海洋资源丰富，海洋渔获量占世界的一半。矿产多石油、天然气、煤。

印度洋：岛屿众多，大部分是大陆岛。海水较深，有海沟，地形复杂。位于热带，气温普遍偏高。动植物种类繁多。海底石油资源最为丰富。世界石油最大的产区波斯湾就在这里。

大西洋：是世界第二大洋，有许多重要的属海和海湾，如：加勒比海、墨西哥湾。大西洋的海底大陆棚面积大。岛屿与群岛众多，有大不列颠岛、爱尔兰岛等。海洋资源丰富，海底富含石油和天然气。

北冰洋：北冰洋被陆地包围，近于半封闭，海岸线曲折，有较宽的大陆架。北冰洋大陆棚发达，最宽达 1200 千米以上。气候寒冷，洋面大部分常年冰冻。在北极附近常可见极光。大陆架有丰富的石油和天然气。

太平洋

是世界上最大的大洋，南起南

极地区，北到北极，西至亚洲和澳洲，东界南、北美洲。太平洋约占地球面积的 1/3，南北长约 1.59 万千米，东西最大宽度约 1.99 万千米，面积 17968 万平方千米，占世界海洋总面积的 49.8%，占地球总面积的 35%。

太平洋可分为中部深水区域、边缘浅水区域和大陆架三大部分。大陆架面积约 938 万平方千米，主要分布在太平洋西部和西南部以及北部。西部大陆架最宽 750 千米，中国的黄海几乎全在大陆架上。太平洋地处热带和副热带地区，它的气候分布、地区差异主要是由于水面洋流及邻近大陆上空的大气环流影响而产生的，多为热带和副热带气候。太平洋约有岛屿一万多个，占世界海洋岛屿总面积的 45%，主要海盆有 4 个，西部岛弧外侧有超过一万米的 5 条海沟。全洋平均水温 4.7℃，平均盐度 34.58‰，是火山活动最频繁的地区。南北海域分成两大环流，两大环流之间为赤道逆流。太平洋在国际航运中占有重要的地位。太平洋大陆架蕴涵着丰富的石油和天然气。海底砂锡矿、金红石、钛、铁等储量也很丰富。

印度洋

印度洋位于亚洲、非洲、南极洲和大洋洲大陆之间，面积 7492 万平方千米，约占世界海洋总面积的 1/5，是世界第三大洋。它平均深度 3897 米，仅次于太平洋，居第二位。印度洋最深处在阿米兰特群岛西侧的阿米兰特海沟，水深9074米。

印度洋大部分位于热带、亚热带范围内，南纬40°以北的广大海域，全年平均气温为8℃~15℃；赤道地带全年气温为28℃，有的海域高达30℃，比同纬度的太平洋和大西洋海域的气温高，故被称为"热带海洋"。印度洋气候具有明显的热带海洋性和季风性特征。洋底中部有"入"字形的中央海岭，高出洋底1000~2000米，大陆架面积小，主要岛屿为马达加斯加岛。主要海盆有中印度洋海盆、西澳海盆等。印度洋的自然资源相当丰富，矿产资源以石油和天然气为主，主要分布在波斯湾，印度洋的油气年产量约为世界海洋油气总产量的40%。印度洋有重要的海运地位，东西分别经马六甲海峡和苏伊士运河通太平洋及大西洋。

大西洋

大西洋面积9336.3万平方千米，是世界第二大洋。它位于欧洲、非洲、美洲和南极洲之间，平均深度3627米，最深9219米。大西洋距今只有一亿年，是最年轻的大洋。

大西洋南北伸延，赤道横贯其中部，其明显的气候特征是南北对称和气候带齐全。同时受洋流、大气环流、海陆轮廓等因素影响，各海区间气候又有差别。平均盐度为35.9‰。大西洋岛屿众多，总面积达107万平方千米，一类是大陆岛，如：大不列颠岛、爱尔兰岛、纽芬兰岛等；一类是火山岛，如：亚速尔群岛。大西洋生物资源丰富，最主要的是鱼类，其捕获量约占大西洋中海洋生物捕获量的90%左右，渔获量居第二位。主要矿产资源有石油、天然气、煤、铁、重砂矿和锰结核等。大西洋两岸边缘的海盆中构成两个油气带，即东大西洋带和西大西洋带。另外，大西洋航运居世界之首，以西大西洋最为繁忙，几乎世界商船的1/3都在这条航线上航行。

北冰洋

北冰洋曾叫"大北洋"，面积1478万平方千米，是世界四大洋中面积最小的大洋，约相当于太平洋面积的1/14，约占世界海洋总面积的4.1%。北冰洋位于亚洲、欧洲和北美洲之间。平均深度约

1200 米，也是四大洋中最浅的一个。南森海盆最深处达 5449 米，是北冰洋最深点。

北冰洋气候寒冷，常年千里冰封，气候寒劣。北极海区最冷月平均气温可达-20℃~-40℃，暖季也多在 8℃以下；年平均降水量仅 75~200 毫米，格陵兰海可达 500 毫米；寒季常有猛烈的暴风。在北极点附近，几乎每年从 10 月到来年 3 月这 6 个月是极昼，高空会出现光彩夺目的极光，一般呈带状、弧状、幕状或放射状。4—9 月这半年是极昼。北冰洋有丰富的石油和天然气，还有煤及有色金属。海洋生物相当丰富，以靠近陆地为最多，邻近大西洋边缘地区有范围辽阔的渔区和繁茂的绿藻。海洋里有白熊、海象、海豹；苔原中多皮毛贵重的北极狐、雪兔等。

（十七）

著 名 江 河

鄂毕河

鄂毕河位于西伯利亚西部，是俄罗斯第三大河，仅次于叶尼塞河和勒拿河，也是世界著名长河。其自身长度为 3700 千米，流域面积达到了 260 万平方千米。

鄂毕河流域的可航行河段总长度将近 15000 千米，经托博尔河，可以在秋明与叶卡捷琳堡-彼尔姆铁路相连，然后与俄罗斯的腹心地带的卡马河与伏尔加河连接。额尔齐斯河是鄂毕河最大支流，发源于中国新疆维吾尔自治区的阿勒泰山南坡，中国境内河长 63 千米，流域面积 5.73 万平方千米。鄂毕河流域的气候属于典型的大陆性。冬季寒冷漫长，1 月的平均气温低于-20℃，夏季较温暖，南部 7 月平均气温 22℃，在北部，由于太阳光辐射热的减少，7 月的平均气温只有 9℃~10℃左右。鄂毕河蕴藏着巨大的水资源，达 2500 亿千瓦时。已开发利用的水能资源不超过 10%，建有新西伯利亚水电站、布赫塔尔马水电站和乌斯季卡缅诺戈尔水电站等。

第聂伯河

第聂伯河流经乌克兰的首都基辅，发源于俄罗斯瓦尔代丘陵南部混交林地带的沼泽地，最后在赫尔松西南 30 千米处注入黑海，是乌克兰的象征。

第聂伯河流全长 2280 千米，流域面积 50.4 万平方千米，全流域有 300 多个水域观测站。从源头至乌克兰的基辅为第聂伯河的上游，长约 333 千米；从基辅至扎波罗热为中游，长 621 千米；从扎波罗热至河口为下游，长 331 千米。河水结冰期上游在 12 月，下游在 4 月初；解冻区上游在 4 月初，下游在 3 月初。第聂伯河流域属于人陆性气候，温暖湿润。降雨量由北向南递减：瓦尔代丘陵和明斯克丘陵区年降水量为 762~821 千米，基辅附近为 708 千米，扎波罗热以下为 454 千米，东南部在 300 千米以下。第聂伯河也是重要的水上交通要道，乌克兰通过它使黑海的区和波罗地海地区建立了联系。

成了伏尔加-顿河通航运河和齐姆良斯克水利枢纽。

顿河

顿河发源于俄罗斯丘陵东坡，经俄罗斯平原南半部，在亚速夫以西15千米处注入亚速海的塔甘罗格湾，是俄罗斯在欧洲部分的第三大河。

顿河全长1870千米，流域面积为42.2万平方千米，年均径流总量约295亿立方米。河的上游是从源头起到索斯纳河口止；中游从索斯纳河口起至伊洛夫利亚河汇流处止；大坝以下至河口段为下游，河床比降很小，水流缓慢，河谷宽20~30千米，水深20米。其干流可以通到里海、波罗的海等著名海峡。通航里程1604千米。霍皮奥尔河和北顿涅茨河是顿河最大的支流，霍皮奥尔河发源于伏尔加丘陵西坡，在维申村以下注入顿河。河长1008千米，流域面积6.112万平方千米；北顿涅茨河是顿河右岸的最大支流，在罗斯托夫城上游150千米处注入顿河。河长1076千米，流域面积9.866万平方千米。顿河地区的气候东暖夏凉，1月份的平均气温在-15℃左右，7月份的平均气温在25℃左右。顿河水力资源丰富，1949—1952年建

莱茵河

莱茵河发源于瑞士东南部的阿尔卑斯山北麓，流经瑞士、德国、法国、荷兰等国，在荷兰鹿特丹附近注入北海，是欧洲西部第一大河，是德国最长的河流，是德意志民族精神的象征，被德国人称为"命运之河"。

莱茵河全长1320千米，通航里程将近900千米，其中大约700千米可以行驶万吨海轮。莱茵河水量巨大，支流众多。其主要支流有阿勒河、伊尔河、摩泽尔河、内长河、美茵河、兰河、鲁尔河等，总流域面积22.4万平方千米。莱茵河在德国境内有867千米，流域面积占德国总面积的40%，是德国的摇篮。沿途风景最美的一段在中游的莱茵河谷段，从德国的美因兹到科布伦茨之间。莱茵河流经德国最重要的工业区，沿途有许多重要城市和工业区，德国的现代化工业区鲁尔就在它的支流鲁尔河和利珀河之间。所以自古莱茵河就是欧洲交通最繁忙的水上通道，航运十分方便，被称为"黄金水道"。沿河港口

密布，主要港口有巴塞尔、斯特拉斯堡、美因茨等。莱茵河还通过一系列运河与其他大河连接，构成一个四通八达的水运网。

多瑙河

多瑙河发源于德国西南部黑林山东麓海拔 679 千米的地方，自西向东流经奥地利、捷克、斯洛伐克、匈牙利、塞尔维亚、保加利亚、罗马尼亚和俄罗斯，在罗马尼亚的利纳附近注入黑海，流经 8 个国家，是世界上流经国家最多的河流。多瑙河是一条著名的国际河流，是欧洲的第二长河，常被人们赞美为"蓝色多瑙河"。

多瑙河全长 2850 千米，流域面积 81.7 万平方千米，年平均入海量 203 立方千米。河网密布，支流众多，普鲁特河、锡雷特河、奥尔特河都是多瑙河的主要河流。河的上游长 966 千米，是从河源到西喀尔巴阡山脉和奥地利阿尔卑斯山脉之间的峡谷，它的源头是名叫布列盖河与布里加哈河的两条小河。上游流经的地区河道狭窄，河谷幽深，水中多急流险滩，河水主要依靠山地冰川和融水补给；中游长约 900 千米，是从匈牙利门到铁门，流速缓慢，泥沙沉积；铁门以下为下游，左岸是瓦拉几亚平原，右岸是多瑙河平原，河谷宽阔，水流平稳，接近河口宽度扩展到 15~20 千米，有的地段可以达到 28 千米以上。多瑙河携带大量泥沙到土耳恰城附近分成基里亚河、苏利纳河、格奥尔基也夫三条支流，冲积形成了一个面积 4300 平方千米的扇形河口三角洲。多瑙河航运发达，水力资源丰富，有著名的铁门水电站。

伏尔加河

伏尔加河位于俄罗斯欧洲部分，发源于俄罗斯联邦西北部，源头海拔 228 米，是欧洲第一长河，也是世界上最大的内流河，是俄罗斯最重要的内河航道，享有"俄罗斯的母亲河"之称。

伏尔加河自北向南流经俄罗斯平原的中部，注入里海，全长 3690 千米，流域面积 138 万平方千米。河流比降较小，流速缓慢，河道弯曲。上游流经冰河区，联结一系列小湖，河岸发育差。伏尔加格勒以下为下游，分出一条汊河——阿赫图巴和，与干流近于平行流到河口地区，然后分成 80 余条汊河注入里海。伏尔加河每年供

应里海的水量几乎等于亚速海的水量，减缓了里海变小的速度。伏尔加河的河水补给来源主要是雪水，其次是地下水和雨水。奥卡河是伏尔加河右岸最大和水量最多的支流，发源于中俄罗斯丘陵，地处奥廖尔以南，河源海拔226米，在高尔基城附近注入伏尔加河。沿河有多座水利枢纽工程，包括雷宾斯克、高尔基、切博克萨雷、古比雪夫、萨拉托夫、伏尔加格勒附近的水库和水电站有10多个。

赞比西河

赞比西河曾译为"桑比西河"或"三比西河"，也称"里巴河"。它发源于安哥拉中东部和赞比亚西北部高地，是非洲南部最大的一条河流，也是非洲流入印度洋各条河流中最大的一条河。这里是刚果河和赞比西河的分水岭，两河源头相距不到1千米。赞比西河全长2660米，流域面积为133万平方千米，河网密集，支流众多，主要支流有宽多河、乔贝河、卡富埃河、卢安瓜河等。河水水量丰富，河口年平均径流量为1.6万平方米/秒，在亚洲居第二位，此河蕴涵水力资源1.37亿千瓦，占非洲的12%左右。河的上游流速缓慢，河水至赞比亚与津巴布韦交界处，突然跌入一个千丈峡谷，形成了著名的"维多利亚大瀑布"，它是此河中游的起点。下游在英桑比克境内，长约600多千米，大部分从平原上流过，入海处形成巨大河口三角洲。赞比西河处于热带草原气候带，河流有明显的洪水期和枯水期。

尼罗河

尼罗河发源于赤道南部东非高原上的布隆迪高地，自南向北流经布隆迪、卢旺达、坦桑尼亚、乌干达、苏丹和埃及等国，最后在开罗以下注入地中海，是世界第一大长河。

尼罗河全长6670千米，流域面积约287万平方千米，流经埃及的长1530千米。尼罗河是由卡盖拉河、白尼罗河、青尼罗河三条河流汇合而成。干流自卡盖拉河源头至入海口，尼罗河下游谷地河三角洲则是人类文明的最早发源地之一，三角洲平原上地势平坦，是现代埃及的文化中心。苏丹的尼穆莱以上为上游河段，长1730千米，自上而下分别称为卡盖拉河、维多利亚尼罗河和艾伯特尼罗河。从尼穆莱至喀土穆为尼罗河中游，长 1930 千米，称为白尼罗河，其中马拉卡勒以上又称杰贝勒河，最大的支流青尼罗河在喀土穆下游汇入。青尼罗河发源于埃塞俄比亚高原上海拔 1830 米的塔纳湖，高原多雨湿润，水量比较大，河口处流量为 1640 立方米/秒，而白尼罗河只有 845 立方米/秒，是青尼罗河的一半。白尼罗河和青尼罗河汇合后称为尼罗河，属下游河段，长约 3000 千米。尼罗河干流流经的地区多为苏丹和埃及的沙漠地区，这里日照充足，是世界著名的长绒棉产地。河口附近形成了巨大的尼罗河三角洲，土地肥沃，埃及人口主要集中在这里。

刚果河

刚果河又称"扎伊尔河"，位于中西非。上游卢阿拉巴河发源于扎伊尔沙巴高原。干流流贯刚果盆地，河道呈弧形穿越刚果民族共和国，注入大西洋。在非洲仅次于尼罗河，是非洲第二长河。1482 年，葡萄牙航海家迪奥戈·卡奥率领探险队沿非洲西海岸航行时第一次发现了这条河以及河口附近的刚果王国，于是此河因此而得名。

刚果河全长约 4700 千米，流域面积约 370 万平方千米，流量最大为 17.5 万立方米/秒。刚果河的上游位于赞比亚境内东非大裂谷的高地山区，乌班吉河是刚果河右岸最大支流，是刚果民主共和国、中非共和国和刚果共和国的边界河流，由姆博穆河与韦莱河汇流而成。马伊恩东贝湖是流域内的大湖泊。刚果河上游河段年平均降雨量约 1300 毫米，年平均径流深约 200 毫米，水比较少。中游地区气候湿润，年雨量 1500~2000 毫米，年径流深约 500 毫米，盆地中心年径流深可达 1000 毫米，是全流域的多水区。刚果河水力资源丰富，其水能资源主要集中在上游及下游，蕴藏量达 4 亿千瓦，大约占世界已知水力资源的 1/6。英加大型水利枢纽是主要水利工程。

长江

长江发源于中国的青藏高原唐古拉山脉主峰各拉丹冬雪山的西南侧，源头冰川末端海拔 5400 多米。干流流经青、藏、川、滇、鄂、湘、赣、皖、苏、沪等 10 个省、市、自治区，在崇明岛以东注入东海。是中国第一大长河，也是世界第三

长河。

长江全长 6300 多千米，流域面积达 180 多万平方千米。长江流域大部分处于亚热带季风气候区，温暖湿润。多年平均降水量 1100 毫米，多年平均入海水量近 1 万亿立方米，占中国河川径流总量的 36% 左右，水量居世界第三位，仅次于亚马孙河和刚果河，相当于黄河水量的 20 倍。长江水系发达，支流众多，流经甘、陕、黔、豫、浙、桂、闽等省、自治区境内。流域面积 1 万平方千米以上的支流有 49 条，嘉陵江、汉江、岷江、雅砻江 4 大支流的流域面积均在 10 万平方千米以上。长江中下游是中国淡水湖分布最集中的地区，主要有鄱阳湖、洞庭湖、太湖、巢湖等。长江在航运上具有重要的作用，是得天独厚的"黄金水道"。此外，南水北调工程和运河扩建工程使长江发挥了更大的作用。长江地区冲积形成长江三角洲，呈扇形，面积 5 万多平方千米。这里雨量充沛、气候温和湿润、土壤肥沃、交通便利，物产及其丰富，盛产鱼虾，有"鱼米之乡"的美誉。这里是中国工农业生产基地最大、最富庶的三角洲，被称为"金三角洲"。

黄河

黄河发源于青海省巴颜喀拉山支脉的各姿各雅山东麓，流经青海、四川、甘肃、宁夏、内蒙古、陕西、山西、河南、山东 9 个省、自治区，在利津注入渤海，是中国第二大河，是中华民族的摇篮，被称为"中国的母亲河"。

黄河全长 5464 千米，流域面积 75 万多平方千米。黄河河道通常以河口镇和孟津为界，划分为上、中、下游三段。上游龙羊峡以上为河源段，巴颜喀拉山西段北麓的卡日曲的涌泉是黄河之源；龙羊峡—青铜峡间为峡谷段，包括龙羊峡、积石峡、刘家峡、青铜峡等 20 多个峡谷；青铜峡—河口镇为冲积平原段，在著名的银川平原和河套平原上，黄河过境此间，也称"客籍河"。中游段，出河口镇—禹门口为晋陕峡谷段，著名的壶口大瀑布便是在此段"咆哮万里触龙门"；禹门口—风陵渡为汾渭平原段，黄河在此接纳了它的重要支流，如：汾河、洛河、径河、渭河等。从这一段开始，黄河携带了大量的泥沙，风陵渡—孟津为晋豫峡谷段，著名的三门峡就在这里。下游段在华北大平原上，河床比较宽，水流缓慢，泥沙淤积旺盛，河床高出两岸地面 4~5 米，成了举世闻名的"地上河"，约束干流的黄河大堤是黄河和淮河流域的分水岭。

密西西比河

密西西比河发源于美国西部偏北的落基山北段的群山峻岭之中，向北注入墨西哥湾。它是北美洲最长的河流，是世界第四大河，有"老人河"之称。

密西西比河全长达 6262 多千米，密苏里河是它的最大支流，上游包括整个密苏里河流域和密西西比河本身的上游流域，被称为"向西进发的门户"的圣路易斯和印第安纳波利斯等，就坐落在密西西比河中游河畔；开罗以下为下游部分，全长 1570 千米。这个下游河段比较平坦，气候温和，雨量充沛，属于亚热带湿润地区。其主要支流有怀特河、阿肯色河、亚祖河和雷德河。泥沙在河口堆积，形成了面积为 2.6 万平方千米的三角洲。密西西比河有近 50 条支流可以通航，干支流通航里程可达 2.59 万千米，是美国内河的交通大动脉。它有四通八达的现代化水运网，圣路易斯、

孟菲斯、新奥尔良是其主要港口。密西西比河水力资源丰富，水能蕴藏量高达 2630 万千瓦，主要分布在俄亥俄河及其支流，开发程度比较高，有巨大的田纳西河水电工程。

圣劳伦斯河

圣劳伦斯河的上源是圣路易斯河，在美国的明尼苏达州，下游在加拿大的东陲，以卡伯特海峡为河口，注入大西洋的圣劳伦斯湾，是北美洲东部的大河。

圣劳伦斯河全长 1287 千米，流域面积约 30 万平方千米。美国和加拿大两国约各占一半。主要支流有渥太华河、里歇柳河、萨吉纳河等。圣劳伦斯河水道系统可分为三大段：从安大略湖口至蒙特利尔为上游，长约 300 千米，前 2/3 河段构成加、美两国的边界。因河床基岩突露，形成许多小岛，在湖口以下 64 千米内计有 1700 余个，称为千岛河段。魁北克以下为下游，长 700 多公里，接纳萨格奈河等支流；河面展宽，水深增至 10~30 米，流速更缓。圣劳伦斯河水力资源丰富，建有河坝和水闸。水产丰富，有鲟鱼、鲈鱼、鳟鱼、青鱼、沙钻鱼等。

哥伦比亚河

哥伦比亚河发源于加拿大落基山脉西坡的哥伦比亚湖，向西南流经美国西北部，在阿斯托里亚注入太平洋。1792 年波士顿商人罗伯特·格雷来此探险，他所乘的船名为"哥伦比亚"，于是这条河就以此命名。

哥伦比亚河长 1953 千米，流域面积 67.1 万平方千米。河水主要靠融雪补给为主，部分靠冬季降水。河流水量大，河口年平均流量 7860 立方米/秒，水位季节变化小。河流大部分流经深谷，河床比降大，多急流瀑布，总落差 820 米，水力资源储量大，是世界水力资源最丰富的河流之一。它的最大支流是斯内克河，全长 1610 千米，流域面积 28.2 万平方千米，多年平均流量 1390 立方米/秒。干支流建有许多水坝，用于灌溉和发电。其中大古力水电站是美国规模最大的水电站。河流泥沙含量小，是流域内重要的工农业水源。河流下游盛产鲑鱼。

俄亥俄河

俄亥俄河位于美国中东部，发源于阿巴拉契亚山地，流向西南，在伊利诺伊州的开罗附近，注入密西西比河，是密西西比河最大的支流。

俄亥俄河全长 2100 千米，流域面积 52.8 万平方千米。其主要支流有卡诺瓦河、肯塔基河、沃巴什河、坎伯兰河和田纳西河。流域内降水丰富，年降水量 1000 毫米，主要是雨水补给，水量丰富，占据了密西西比河 56% 的水量，河口年平均流量达 7080 立方米/秒。河的上游是从匹兹堡至朴次茅斯，河谷狭窄，平均宽度小于 800 米；下游从朴次茅斯到开罗，比上游稍宽，水流缓慢。俄亥俄河一直是美国中东部重要的水运航道，干支流水力资源丰富，通航里程约 4000 千米，全年皆可通航，并有运河与伊利湖相通，主要输送煤、砂石、石油等。

育空河

育空河发源于加拿大境内的苇基山脉西麓，西距太平洋 24 千米，流经育空地区中南和美国阿拉斯加州中部，在高原西部注入白令海。育空河是北美第三长河，被称为北美的"母亲河"，孕育着北美的文明。

育空河全长 3185 米，流域面积 85 万平方千米。其中 1149 千米河流在加拿大，占总流域的 1/3，是河流的上游地区，峡谷幽深；中游河谷宽阔，蜿蜒曲折，干流最宽 64 千米，有大片湿地；下游与科尤库克河的下游共同形成一面积广大的河口三角洲，地势低平。潮水可涨到 160 千米，7—8 月为洪水期。河水主要由冰雪补给。此河因

1896 年在其支流克朗代克河发现金矿而闻名于世。育空河地区气候寒冷，一年有 9 个月封冻，大大降低了航运价值。其渔业丰富，森林、金矿、银矿著名。

亚马孙河

亚马孙河位于南美洲北部，发源于秘鲁境内安第斯山科迪勒拉山系的东坡，是南美洲第一大河，也是世界上流域面积和流量最大的河流。

亚马孙河长 6570 千米，仅次于尼罗河，为世界第二大河。它有两支河源：一支为马拉尼翁河，发源于秘鲁境内安第斯山高山区；另一支为乌卡亚利河，源头是阿普里马克河。亚马孙河上游约长 2500 千米，分为上、下两段。上段长约 1000 千米，落差达 5000 米；下段为两条巨大支流注入亚马孙河的两个河口之间的河段。亚马孙河中游流经秘鲁、哥伦比亚、巴西，全长约为 2200 千米。两侧支流众多，都发源于安第斯山东坡；下游长达 1600 千米，河宽而水深，地势低平，有湖泊。亚马孙河高温多雨，物种丰富，淡水鱼类多达 2000 余种。涌潮是亚马孙河的一个世界自

然奇观，它可以和我国的钱塘江大潮相媲美。在穿越了辽阔的南美洲大陆以后，亚马孙在巴西马拉若岛附近注入大西洋。

巴拉那河

巴拉那河发源于格兰德河和巴拉那伊巴河交汇处，向西南流，经巴西中南部至瓜伊拉，最后注入大西洋，是南美洲仅次于亚马孙河的第二大河。

巴拉那河全长 4100 千米，其中巴拉那河干流（从格兰德河与巴拉那伊巴河交汇处算起）全长 2580 千米，拉普拉塔河入海口段长 320 千米。巴拉那河总流域面积 310.3 万平方千米，其中巴拉那河占 260.5 万平方千米，乌拉圭河占 36.5 万平方千米，拉普拉塔河口段占 13 万平方千米。巴拉那河干支流流经南美洲巴西、玻利维亚、巴拉圭、乌拉圭和阿根廷等 5 个国家，是这几个国家的重要水上航道，全河全年通航里程约 2698 千米。巴拉那河流域北部为热带气候，夏季多雨，冬季干旱。中、下游地区是亚热带气候，夏季炎热、冬季寒冷。巴拉那河有众多干支流，蕴藏着巨大的水能，建有多个核电站。

伊瓜苏河、格兰德河、铁特河是巴西境内的几大支流，其中最大的是伊瓜苏河，蕴藏着巨大的水能，建有多座核电站。

拉普拉塔河

拉普拉塔河位于阿根廷和乌拉圭两国之间，发源于巴拉那河和乌拉圭河，向东南流入大西洋。在西班牙语中拉普拉塔是"银子"的意思，由于上游内地富产银矿，所以此河被称为"拉普拉塔河"。

拉普拉塔河全长 370 千米，面积达 3.5 万平方千米，河口线处宽 223 千米，为世界上最宽的河口之一。其流域面积 13.56 万平方千米，年平均流量 2.35 万立方米/秒。由于巴拉那河和乌拉圭河水量充沛，富含泥沙，致使拉普拉塔河泥沙堆积，形成了众多浅滩，河床较浅。拉普拉塔河河岸较为曲折，多港湾和岬角其，北岸地势高，有布宜诺斯艾利斯、拉普拉塔、罗萨里奥、圣非等港口。拉普拉塔河-巴拉那河全流域属亚热带湿润气候，四季皆有降雨，年降雨量 1200~2400 毫米，水力资源丰富，支流众多，主要支流有格兰德河、伊瓜苏河等。伊瓜苏河水资源蕴藏量最大，建有多所水电站。

苏伊士运河

苏伊士运河位于埃及境内尼罗河三角洲和西奈半岛之间狭长的苏伊士地峡上，1869 年建成，是连通欧、亚、非三大洲的主要国际海运航道，在国际航运中具有重要的战略意义。

苏伊士运河长 500 米，宽 70 米，有 70 米水深的船位容纳量。它连接红海与地中海，使大西洋、地中海与印度洋连接起来，大大缩短了东西方航程。与绕道非洲好望角相比，通过苏伊士运河从欧洲大西洋沿岸各国到印度洋缩短 5500~88009 千米；从地中海各国到印度洋缩短了 8000~10000 千米；对黑海沿岸来说，则缩短了 12000 千米。由于红海和地中海水位相当，运河没有闸门。从超大型油轮到航空母舰，再到小型货轮，每年各种形状、各种大小的船只繁忙地穿梭在运河中。苏伊士运河每年承担着全世界 14% 的海运贸易，是世界上最繁忙的水道，也是埃及人民的骄傲。

墨累河

墨累河发源于澳大利亚新南威尔士州的东南部，注入印度洋的因康特湾，是澳大利亚最长、最大的河流。

墨累河全长 3719 千米，流域面积 105.7 万平方千米。河网密布，支流众多，其主要支流有达令河和马兰比吉河。达令河入口以上为墨累河上游，全长 1750 千米，流域面积 26.7 万平方千米，是墨累河最长的支流，发源于新南威尔士州新英格兰山脉的西麓穿越新南威尔士州，在文特沃思西南注入墨累河。这里地势平坦，在海拔 200 米以上，属于典型的平原地区。马兰比吉河是墨累河右岸的主要支流，位于新南威尔士州东南部，发源于东部高地山坡的坦坦加拉水库，在奥克斯利市以南约 30 千米处接纳拉克伦河后在罗宾韦尔市附近注入墨累河。墨累河流域主要位于南澳大利亚州以东、大分水岭以西、昆士兰州沃里戈岭以南的地区。墨累河谷是重要的经济区，建有许多水库。

伊洛瓦底江

伊洛瓦底江被称为"大金沙江"或"丽水"，由北部的恩梅开江和迈立开江汇合而成，南流经缅甸中部，注入印度洋安达曼海，是缅甸最大的河流，也是缅甸民族发展的摇篮，被称为"天惠之河"。

伊洛瓦底江有东西两支河源，东源叫恩梅开江，发源于中国的察隅县境伯舒拉山南麓；西源迈立开江发源于缅甸北部山区。河流全长2714千米，流域面积43万平方千米，约占缅甸全国面积的60%，有一条纵谷，面积占全国面积的1/3。

伊洛瓦底江最大的支流钦敦江发源于缅甸克钦邦拉瓦附近，全长840千米，流域面积11.4万平方千米。钦敦江、模河和蒙河是其右岸的主要支流。伊洛瓦底江流域属于亚热带雨林气候，全年分为3季：3—5月为暑季、6—10月为雨季、11—12月为凉季。1月份气候最低，平均20℃~25℃；4月份最热，平均25℃~30℃。中部平原和下游三角洲是缅甸重要的工农业区，中游有油田，下游河口三角洲盛产水稻。江畔的蒲甘是有名的"万塔之城"。伊洛瓦底江蕴涵着丰富的水资源，金水达水电站是有名的水电站。

（十八）

著 名 湖 泊

黑海

黑海位于欧洲东南部和亚洲小亚细亚半岛之间的内海，平均盐度只有12‰~22‰，深层海水严重缺氧。据观测，在220米以下水层中已无氧存在。在缺氧和有机质存在的情况下，经过特种细菌的作用，海水中的硫酸盐产生分解而形成硫化氢等，而硫化氢对鱼类有毒害，动植物几乎荡然无存，水色深暗，故名"黑海"。

黑海形似椭圆形，东西最长1150千米，南北最宽611千米，中部最窄263千米，面积42.2万平方千米，海岸线长约3400千米，平均水深1315米，最大水深2210米，年降水量600~800毫米，同时汇集了欧洲一些较大河流的径流量，年平均入海水量达355立方千米。黑海表层水温冬季0℃~8℃，夏季22℃~24℃，盐度17‰~22‰，冬季北岸结冰。黑海沿海重要城市有伊斯坦布尔、布尔加斯、瓦尔纳、康斯坦察、图尔恰、敖德萨、塞瓦斯托波尔、巴统等。并且黑海在航运、贸易和战略上具有重要地位。

贝加尔湖

贝加尔湖位于俄罗斯东西伯利亚南部，是世界上最深和蓄水量最大的淡水湖，因贝加尔湖具有得天独厚的条件，1993年俄罗斯专门在这里建立了"贝加尔湖自然保护区"。

贝加尔湖形状狭长弯曲，长636千米，宽平均48千米，最宽79.4千米，总面积3.15万平方千米，平均深度730米，最深1620米。其容积达2.36亿立方千米，超过了波罗的海的蓄水量，也超过了北美五大湖的总蓄水量，占全球淡水湖总蓄水量的1/5。贝加尔湖湖面波涛汹涌，经常掀翻船只。有记载以来，贝加尔湖的历史就是一部沉船史。在1908年6月30日，在湖西北方800千米处发生了通古斯大爆炸，影响了湖附近的森林。贝加尔湖地区阳光充沛，雨量稀少，冬暖夏凉，有300多处矿泉，湖中有植物600种、水生动物1200种，其中3/4为贝加尔湖特有的，从而形成了其独一无二的生物种群，如各种软体动物、海绵生物以及海豹等珍稀动物。贝加尔湖中有约50种鱼类，分属7科，

最多的是杜文鱼科的 25 种杜文鱼。大马哈鱼、苗鱼、鲱型白鲑和鲟鱼也很多，是俄罗斯东部地区最大的疗养中心和旅游胜地。

维多利亚湖

维多利亚湖是非洲的第一大淡水湖，是以英国女王维多利亚命名的，也是世界第二大淡水湖。它位于东非两条大裂谷之间的平地上。

维多利亚湖海拔 1134 米，南北最长 400 千米，东西最宽 240 千米，面积 6.9 万平方千米，仅次于美洲苏必利尔湖。维多利亚湖岸

线曲折，长达 7000 多千米，多优良港湾，湖中多岛屿群和暗礁，岛屿面积近 6.9 万平方千米，其中乌凯雷韦岛最大，高出湖面 200 米，岛上人口稠密，长满树木。湖的西南岸有 90 米高的悬崖，北岸平坦而光秃。其集水面积约 20 万平方千米。常年有卡盖拉河、马拉河等众多河流注入其中，湖水唯一出口是北岸的维多利亚尼罗河，在那里形成里本瀑布，排水量每秒达 600 立方米，著名的尼罗河支流白尼罗河就发源于此。维多利亚湖周围森林茂密，有许多非洲的野生动物。湖中有鳄鱼和河马，岛上花草繁茂，风光旖旎，是不错的旅游胜地。

休伦湖

休伦湖位于美国密歇根州和加拿大安大略省之间，是第一个被欧洲人发现的湖泊，是北美洲五大湖之一。它由西北向东南延伸，长 330 千米，最宽 295 千米，面积 5.96 万平方千米，在五大湖中居第二位。湖面海拔 177 米，平均水深 60 米，最大深度 229 米。湖岸线曲折，长 2700 千米，湖岸多为沙滩、砾石滩和悬崖绝壁，湖中多

岛屿，主要分布在乔治亚湾，世界最大的湖岛——马尼图林岛就在此湖区，面积 2766 平方千米。岛上景色优美，环境怡人，是不错的旅游和疗养胜地。湖区矿产资源丰富，为重要工业区，有铀、金、银等。圣克莱尔河东岸多炼油厂和石油化工厂，被称为加拿大的"化工谷"。湖中有鱼，渔业发达。休伦湖是重要的水上交通要道，全年通航期 7~8 个月。阿尔皮纳、萨尼亚、罗克波特等都是其重要港口。

威兰德拉湖区

威兰德拉湖区位于新南威尔士西南部的墨累河盆地。威兰德拉湖区由一系列干湖组成，形成于第三纪早期，1981 被列入《世界遗产名录》。

威兰德拉湖区面积 6000 平方千米，是新生代第四纪形成的筒状湖。盆地是距今 40 万年以前拉克伦河、马兰比季河和墨累河围成的三角洲，还有 12 万年前冲击成的地层。威兰德拉湖区是拉克伦河的支流，注入互相联系的湖区流域。流域由 6 个主要的湖和一些较小的洼地组成。其中从小池塘到占地 500 平方千米、深 10 米的加纳朋

湖，大小不一。此地留有许多人类文化遗迹。考古学家在这里发现了大约 2.6 万年前的古人类骨骼化石，还发现了 5 个 3 万年前的火炉遗迹。通过数次放射性同位素地质年测定，人类至少在 3 万年以前就开发这个地区了。

苏必利尔湖

苏必利尔湖的东北面是加拿大，西南面是美国，为美国和加拿大共有。它是北美五大湖之一，是世界第二大湖，仅次于里海，也是世界面积最大的淡水湖。

湖面东西长 616 千米，南北最宽处 257 千米，湖面平均海拔 180 米，水面积 8.24 万平方千米，半均深度 148.4 米，最大深度 405 米，是五大湖中最深的湖泊。其蓄水量 1.2 万立方千米，占五大湖蓄水量一半以上。湖岸线长 3000 千米，沿岸森林密布，北岸曲折多湖湾，有 200 多条河流注入，尼皮贡和圣路易斯河为最大。湖水通过圣玛丽斯河流入休伦湖。湖中最大岛为罗亚尔岛，长 72 千米，最宽 14 千米，岛上多野生动物，湖的西岸建有美丽的国家公园。湖区气候冬寒夏凉，风力强盛，湖面多波浪，

冬季水位较低，夏季较高。湖区水温较低，夏季中部水面温度一般不超过4℃。冬季湖岸带封冰，全年可航期一般约6~7个月。主要港口有加拿大的桑德贝和美国的塔科尼特等。矿产资源丰富，主要有铁、镍、铜等。

大盐湖

大盐湖是西半球最大的内陆盐湖。它位于美国犹他州的西北部，东面是落基山支脉沃萨奇岭，西面是沙漠。此湖盐类储量丰富，湖盆累积达60亿吨，食盐占3/4，故称"大盐湖"。

大盐湖沿西北—东南向延伸，长120千米，宽63千米，深4.6~15米，面积3525平方千米。湖面海拔约1284米。四周群山环绕，常年积雪。大盐湖是个死水湖，没有泄水口，湖水流失主要靠太阳的自然蒸发，湖水的补充则主要来自大自然的雨和融化的雪水，致使盐度越来越高，盐度高达150‰~288‰。大盐湖资源丰富，湖水中含有76种矿物质和微量元素，种类齐全，同时具有天然杀菌的效果，盐类储量较大，还有镁、钾、锂、硼等。大盐湖也是一大旅游胜地。

盐湖城是该州内最大的城市和首府，位于湖的东南岸。大盐湖具备迄今世界上含量最多、最齐全、最均衡的天然矿物质和微量元素。湖中有野生动物保护区，有许多野禽，如：苍鹭、燕鸥等在这里生息繁衍。

图尔卡纳湖

图尔卡纳湖曾叫"卢多尔夫湖"，它位于肯尼亚北部，北靠埃塞俄比亚，是非洲最大的咸水湖。

图尔卡纳湖同样是东非裂谷带上许多湖泊中的一个。湖区窄长呈条带状，南北长256千米，向北一直抵达埃塞俄比亚边界，东西宽40~60千米，最深73米，面积6405平方千米，湖南海拔375米。图尔卡纳湖形成于几千万年前，它不仅景色迷人，而且以"人类的摇篮"著称于世。图尔卡纳湖处于干旱地区，水源不足，湖盆周围的侵蚀作用比较微弱，湖水不能外流，形成了一个面积巨大的碱水湖泊，含盐度高，有较强的去污能力。湖周围多火山，特累积火山是比较著名的一个。湖中无常年河流注入，有北岛、中央岛、南岛，岛上还随处可见蝰蛇、眼镜蛇、响尾蛇等毒蛇，因此在这个岛上捕鱼的人不多。

中央岛已辟为国家公园，有 1.2 万条鳄鱼，是世界上最大的鳄鱼群之一。

马拉开波湖

马拉开波湖位于委内瑞拉的西北部，湖的东、西、南三面被佩里哈山脉和梅里达山脉环绕，是委内瑞拉以及南美洲最大的湖泊，也是世界上著名的石油湖。

马拉开波湖湖面宽广，一望无际，平均水深 20 多米，靠南的部分有大小 150 多条内陆河注入，湖北部出海口有近 10 千米宽的水面与加勒比海相接。它口窄内宽，南北长 190 千米，东西宽 115 千米，最长处 212 千米，最宽处 92 千米。湖岸线长约 1000 千米，面积 1.43 万平方千米，含盐度 15‰~38‰。马拉开波湖北浅南深，最深达 34 米，容积 2.8 亿立方米。除北部委内瑞拉湾沿岸气候干燥、年降水量不足 500 毫米外，湖区大部分高温多雨，年平均气温 28℃，年降水量 1500 毫米以上，为南美洲最湿热地区之一。马拉开波湖石油资源丰富，湖区的石油产量占全国的 80% 以上，有"石油湖"之称。油田集中于东北岸和西北岸。1917 年打出第一口生产井，1922 年起大规模开采，使委内瑞拉成为世界重要的石油生产国和出口国之一。湖上水道可通大型海轮和油轮。湖的北端有一座长 8 千米、宽 18 米、高 45 米的大桥，是目前南美洲跨度最大的桥。

马拉维湖

马拉维湖又称"尼亚萨湖"。"马拉维"在当地尼昂加语中是"火焰"的意思，指金色的太阳照射在湖面上，湖水泛起了一片耀眼的火焰般的光芒。1984 年马拉维湖国家公园被联合国教科文组织列为"世界自然遗产"。

湖区大部分水域位于马拉维共和国境内，只有东部和北部一小部分属于坦桑尼亚和莫桑比克。湖水由四周 14 条常年有水的河流注入，其中以鲁库鲁河水量最大，向南流经希雷河同赞比西河相连。马拉维湖面积 3.08 万平方千米，南北长 584 千米，东西宽 16~18 千米，平均水深 273 米，北端最深处达 706 米，湖面海拔 472 米，是非洲第三大淡水湖、第二大深湖，世界第四深湖。湖的四周高山环绕，绿水青山，云雾缭绕。表层水温随季节变化，一般在 23℃~27℃之间，深水

层为22℃左右，有200多种鱼。是一个美丽富饶的国土。

乍得湖

乍得湖位于非洲中北部，在乍得、尼日尔、尼日利亚、喀麦隆交界处，乍得盆地中央，是非洲的第四大湖。"乍得"出自当地方言，意为"大片的水"。

乍得湖水位年变幅0.6~0.9米，流域面积100万平方千米。乍得湖湖面海拔281米，湖面面积随季节变化，雨季时可达2.2万平方千米，旱季时可缩小一半以上。湖面面积低水位时为9840平方千米，高水位时为25760平方千米。沙里河是它的主要水源，占总补给量的2/3，其次有科马杜古约贝河、恩加达首都恩贾梅纳鸟瞰河、姆布利河和富尔贝韦尔河等注入。乍得湖是非洲第四大湖，是古乍得海残余。湖长220千米，宽约70千米，湖东部深、西部浅，平均深度为1.5米，最大水深12米。北岸受沙丘侵袭，陡峭；南岸平坦、多沼泽。湖中有半岛和多个岛屿，湖底还有一道岭脊，故南北湖水循环不畅。湖中水产资源丰富，产河豚、鲶、虎形鱼等。沿岸多鸟类。沿湖为重要灌溉农业区。由于气候持续干旱，蒸发强烈，湖面正不断缩小。据考证，3000~4000年前，乍得湖与尼罗湖相通，后因出口河道淤塞，才演变为今日的内陆湖。乍得湖风光优美，湖里多鱼，岸边多鸭、珍珠鸡等。周围居住着杜马人、库里人、卡涅姆布人，他们以渔猎、农业为主。

巴尔喀什湖

巴尔喀什湖又称"夷播海"，它位于中亚的哈萨克斯坦东部，是一个内陆冰川堰塞湖，是世界第四长湖，东西长约605千米，南北宽8~70千米，西部宽74千米，面积1.83万平方千米。湖区海拔340米，平均水深6米，最深达26米。流经中国新疆的伊犁河，接纳了大量来自天山的冰雪融水，占总入水量的75%~80%。湖被萨雷姆瑟克半岛从南岸中部向北岸分为东西两半：西部有伊犁河注入，水浅淡，盐度1.5‰，东部有数条小河注入，湖水混浊，颜色浅淡，盐度10.5‰。巴尔喀什湖地区属于温带大陆性气候，年平均气温5℃左右。湖中可定期通航，主要大港布鲁拜塔尔和布尔柳托别。每年11月—次年4月湖面结冰。巴尔喀什湖盛产多种鱼类，有鲤、鲈等。湖区动物繁多，在芦苇丛中有大量鸥、野鸭、天鹅等禽类。其北岸铜矿著名，港口城市巴尔喀什是哈萨克斯坦的重要炼铜中心。

伊塞克湖

伊塞克湖位于帕米尔高原的北部、吉尔吉斯斯坦的东北部，是吉尔吉斯斯坦境内最大的湖泊，也是世界上最大的高山内陆湖之一。伊塞克湖终年不结冰，以"热湖"著称。

伊塞克湖东西长 178 千米，南北宽 60 千米，面积约 6236 平方千米，湖面海拔 1608 米，平均水深 278 米，最深处达 668 米，水中盐度 5.8‰，微咸。其面积仅次于的的喀喀湖，但其深度居世界第一。湖水主要靠雪水补给，湖岸线长 597 千米，一半以上为沙岸。湖区位于大陆性气候带中部，气候温和干燥。1 月平均气温-6℃，7 月平均气温 15℃~25℃。年降水量约 200~300 毫米，山地地区可达 800~1000 毫米，蒸发达 820 毫米，湖盆区 2.3 万平方千米的平原低地是吉尔吉斯斯坦的重要产粮区

和畜牧区。湖中矿物含量达 6%，有 90 多条河流汇入该湖，且夏季气候凉爽宜人，是中亚著名的疗养、旅游避暑胜地。湖区开设有各类疗养院、休闲所。

大熊湖

大熊湖位于加拿大西北地区，北极圈经其北部，是加拿大第一大湖，也是北美第四大湖和世界第八大湖。

大熊湖面积为 31153 平方千米，总水量为 2236 立方千米，平均深度是 72 米，最深处达 446 米，海拔 186 米。湖岸线长达 2719 千米，湖水西经 110 千米长的大熊河流入马更些河，湖区多北极熊，故称"大熊湖"。湖的周边地区人口稀疏。湖形不规则，长约 322 千米，宽 40~177 千米。湖区气候严寒，常年结冰，仅 8、9 两个月可通航。湖中多小岛，湖水清澈，湖岸陡立，产白鱼和湖鳟等。湖东岸有沥青铀矿开采中心，除提炼镭、铀外，而且有银、铜、钴、铅等副产品。埃科贝是采矿中心，它和西岸商业集中地富兰克林堡是湖区的主要居民点。

多，而且种类也很多，有白胸鸦、红喉雀、斑鸠、白鹭、黄莺、灰鹳、鹦鹉等，久负盛名的还要数红鹤。湖上海运发达，主要港口有定期航班。

坦噶尼喀湖

坦噶尼喀湖位于东非大裂谷区的西部裂谷部分，是一个国际湖泊，其周围有 4 个国家。东岸大部分属于坦桑尼亚，东北端有一部分属于布隆迪，西岸属于扎伊尔，南岸属于赞比亚。坦噶尼喀湖仅次于贝加尔湖，是非洲第二大湖，也是世界上最长的淡水湖。

坦噶尼喀湖属于断层湖，湖形狭长，呈条状，南北长约 710 千米，东西宽度平均是 50 千米，平均水深 700 米，最深处达 1436 米，面积 3.29 万平方千米。包括了 1828 千米的海岸线，最深度位于坦噶尼喀湖的北部。湖的下游区域约涵盖 23.1 万平方千米，除了有两条主要的河流流入坦噶尼喀湖，还有很多小河也流进湖中，这两条流入坦噶尼喀湖的河川中，以鲁济济河最大，它从湖的北边流入。另一条是马拉加拉西河，它是东非国家坦桑尼亚的第二大河。湖岸线蜿蜒曲折，湖滨平原狭小，许多地方陡峭的山坡直插水中，形成笔直的悬崖峭壁。湖区四周森林茂盛，各种热带林木竞相生长。最引人注目的是香蕉林。湖上鸟类众多，被人们称为"鸟的王国"。鸟类不仅数量

咸海

咸海位于哈萨克斯坦和乌兹别克斯坦之间，旧称"阿拉海"。南半部属于乌兹别克斯坦，北部属哈萨克斯坦。离塔什干市约 640 千米。湖面海拔 53 米，面积 6.45 万平方千米，为世界第四大湖。

咸海最长 428 千米，宽 235 千米，连同附近岛屿共 6.45 万平方千米，是亚洲仅次于里海的第二大湖。咸海的水源主要靠阿姆河和锡尔河注入，平均水深 22 米，20 世纪五六十年代，两河上游地区的人们开展的大规模开荒造田运动使大量的河水被用于灌溉农田。由于缺乏科学的灌溉系统，水资源浪费现象极为严重，阿姆河和锡尔河已基本不能再为咸海输水。湖面已缩小到 4.1 万平方千米。由于咸海沿岸沙漠化严重，所以大风把大量盐分吹入大气之中，咸海每升湖水中含盐量为 9 克，现在上升到 22.5 克，由于农药的使用，使咸海沿岸居民的健康受到威胁。

（十九）

著 名 山 脉

山脉的定义

山脉是指沿一定方向延伸，包括若干条山岭和山谷组成的山体。因像脉状而称之为山脉。构成山脉主体的山岭称为主脉，从主脉延伸出去的山岭称为支脉。几个相邻山脉可以组成一个山系，如喜马拉雅山系，包括柴斯克山脉、拉达克山脉、西瓦利克山脉和大、小喜马拉雅山脉。世界上著名的山脉主要有亚洲的喜马拉雅山脉、欧洲的阿尔卑斯山脉、北美洲的科迪勒拉山脉、南美洲的安第斯山脉等。喜马拉雅山脉为世界上最大的山脉，它的主峰珠穆朗玛峰海拔 8844.43 米，为世界上最高的山峰。科迪勒拉山脉，长 7000~8000 千米，它的支脉与南美洲的安第斯山脉相连，全长 1.7 万千米，构成世界上最长的山系。

喜马拉雅山脉

喜马拉雅山脉位于中国青藏高原的西南边缘，是坐落在西藏高原和印度次大陆之间的雄伟山系，分布在中国西藏自治区、巴基斯坦、印度、尼泊尔、锡金和不丹境内，是世界最高大的山系，有"世界屋脊"之称。

喜马拉雅山脉西起克什米尔印度河转折处，东至雅鲁藏布江转折处，呈向南凸出的弧形，东西长约 2450 千米，南北宽约 200~350 千米，面积 594400 平方千米，有 30 多座海拔超过 7300 米的高峰，其中珠穆朗玛峰是世界最高峰，位于我国与尼泊尔边界上，海拔 8848.43 米，是世界第一高峰，有"地球第三极"之称。喜马拉雅山脉由南向北分为西瓦利克山、小喜马拉雅山、大喜马拉雅山、高喜马拉雅山四个宽度不等的山带。西瓦利克山是喜马拉雅山脉南麓的丘陵地带，海拔 1000 米左右，宽 10~50 千米，有许多谷地，以印度北方邦的台拉登最著名；小喜马拉雅山，宽约 80 千米，高 4500 米，谷地海拔 900 米，像一块切割高原，共有 3 条山脉；大喜马拉雅山，海拔 6000 米以上，是喜马拉雅山的主脊，冰川纵横，雪峰林立；高喜马拉雅山降水丰富，南坡雪线可达 4900 米，多冰川，覆盖面积达 33200 平方千米，其中根戈德里冰川是喜马拉雅山脉最大的冰川，长 32 千米，面积 300 平方千米。喜马拉雅山是独特的山地气候，具有

典型的自然带结构，有亚热带常绿阔叶林、山地暖温带常绿阔叶林等。

阿尔卑斯山脉

阿尔卑斯山脉是欧洲最高大的山脉，它位于欧洲南部，西起法国东南部的尼斯附近地中海海岸，呈弧形向北、东延伸，经意大利北部、瑞士南部、列支敦士登、德国西南部，东止奥地利的维也纳盆地。阿尔卑斯山脉不仅有优美的自然景观，其中几个中世纪的城堡更增添了几分传奇色彩。

阿尔卑斯山脉总面积约22万平方千米，长约1200千米，宽130~260千米，平均海拔3000米左右。勃朗峰海拔4810米，是阿尔卑斯山的主峰，也是西欧第一高峰。其四周群峰竞秀、巍峨壮观、气象万千。马特峰也是阿尔卑斯山脉中最著名的山峰之一，海拔4478米，位于瑞士和意大利的交界处。阿尔卑斯山脉的气候成为中欧温带大陆性气候和南欧亚热带气候的分界线。山地气候冬凉夏暖，大致每升高200米，温度下降1℃，在海拔2000米处年平均气温为0℃。整个阿尔卑斯山脉湿度很大，年降水量一般为1200~2000

毫米。但因地而异。高山区年降水量超过2500毫米，海拔3000米左右为最大降水带。背风坡山间谷地只有750毫米。冬季山上有积雪。阿尔卑斯山脉植被呈垂直分布，可分为亚热带常绿硬叶林带和森林带，森林以上为高山草甸带。有大角山羊、山兔、土拨鼠等动物。

安第斯山脉

安第斯山脉全长约8900千米，几乎是喜马拉雅山脉的三倍半，是世界上最长的山脉。安第斯山脉纵贯南美大陆西部，大体上与太平洋岸平行，其北段支脉沿加勒比海岸伸入特立尼达岛，南段伸至火地岛。跨委内瑞拉、哥伦比亚、厄瓜多尔、秘鲁、玻利维亚、智利、阿根廷等国。

安第斯山脉平均海拔3660米，有许多高峰终年积雪，超过6000米的高峰有50多座，其中汉科乌马山海拔7010米，是美洲最高峰，也是西半球的最高峰，由一系列平行山脉和横断山体组成，中间有高原和谷地，海拔多在3000米以上。智利境内的阿空加瓜山海拔6960米，是美洲第二高峰，也是世界上最高的死火山。世界最高的活火山

哥多伯西峰就在安第斯山脉中，海拔5897米。许多著名的河流发源于此地。气候和植被类型复杂多样，垂直分带明显，随纬度的不同而异，北段气候湿润，年平均气温27℃；中段降水少，比较干旱；南段温和湿润。骆马是这里著名的动物，貘是安第斯山脉的代表物种。安第斯山脉矿藏丰富，有一条文明世界的金属矿富集地带，铜、锡、银、金、铂、锂、锌、铋、钒等储量均居世界前列，钨、硝石等也是重要矿藏。马拉开波盆地是南美洲最大的石油产区。

比利牛斯山脉

比利牛斯山脉西起大西洋比斯开湾，东至地中海利翁海湾，是法国与西班牙两国的界山，是阿尔卑斯山脉向西南的延伸部分，是欧洲西南部最大、最雄伟的山脉。

比利牛斯山是阿尔卑斯山脉主山系的西南分支，具有阿尔卑斯山脉的特征，山体中轴由强烈错动的花岗岩和古生代页岩以及石英岩组成，两侧为中生代和第三纪地层，北坡为砾岩、砂岩、页岩等岩层交错沉积所组成的复理层。山脉呈东西走向，长435千米，一般宽80~

140千米，东端宽仅10千米，中部最宽达160千米。海拔3352米的珀杜山峰是其中心。离地中海岸约48千米处有海拔仅300米的山口，为南北交通要道。山的北麓是温带海洋气候，多针叶林，南麓是亚热带气候，多硬叶常绿林。山地植被有明显的垂直分层结构，海拔400米以下是地中海型植物，如：油橄榄等；海拔400~1300米是落叶林分布带；海拔1300~1700米是山毛榉和冷杉混交林带；海拔1700~2300米是高山针叶林带；海拔2300米以上是高山草甸；海拔2800米以上有冰雪覆盖和冰川。这里有许多亮丽的景点和温泉浴池，吸引了众多的游人。矿藏主要有铁、锰、铝土、硫黄、汞和褐煤等。阿尔塔米拉洞窟位于西班牙北部桑坦德市西面的比利牛斯山区，以精美的史前绘画和雕刻闻名于世，是西班牙重要的文化遗迹。

阿特拉斯山脉

阿特拉斯山脉是阿尔卑斯山系的一部分，位于非洲大陆西北部，西南起于摩洛哥大西洋岸，东北经阿尔及利亚到突尼斯的舍里克半岛。长2400千米，南北最宽约450千

米。横跨摩洛哥、阿尔及利亚、突尼斯三国（并包括直布罗陀半岛），把地中海西南岸与撒哈拉沙漠分开。

阿特拉斯山脉是由中生代和第三纪沉积岩褶皱组成，拥有非洲最广大的褶皱断裂山地。山脉呈东北—西南走向，由一系列平行的山脉组成，分为南北两支。北支摩洛哥境内称里夫阿特拉斯，海拔2000米左右；阿尔及利亚和突尼斯境内称泰勒阿特拉斯，西窄东宽，最高峰朱尔朱拉山海拔2308米。南支西部称摩洛哥阿特拉斯山，由大阿特拉斯山、中阿特拉斯山、外阿特拉斯山组成，海拔多在2000米以上，多陡峭高峰，最高峰为图卜卡勒峰，海拔4167米，位于摩洛哥西南部。东部阿尔及利亚境内

称撒哈拉阿特拉斯山，高度稍低。海拔约1500米。阿特拉斯山脉是季节性降雨，为滂沱大雨，东部比西部降水量多，泰勒阿特拉斯的东部降水量最多。穆卢耶河是源自中阿特拉斯山的常年河流。北坡属地中海气候，多森林和果园，山区森林面积约8万平方千米。其余部分是半沙漠气候，山间多盐湖。山区富产磷灰石、铁等矿藏。

高加索山脉

高加索山脉位于欧洲和亚洲之间，西濒黑海和亚速海，东临里海，横贯格鲁吉亚、亚美尼亚和阿塞拜疆三国。

高加索山脉是由阿尔卑斯造山运动形成的褶皱山系，多火山和冰川。山脉呈西北—东南走向，形成大高加索和小高加索两列主山脉。大高加索山脉是亚欧分界线的一部分，全长1200千米，宽200千米，包括山麓地带在内占地44万平方千米。山上的最高峰是厄尔布鲁士峰，海拔5642米，山上气候寒冷，终年积雪。小高加索山脉的走向大致与大高加索山脉平行，位于大高加索山脉以南，两山之间是黑海沿岸的科尔希达低地、面向里海的库拉-阿拉克斯低地与连科兰低地。山脉北侧是温带大陆性气候，冬季气温-30℃，夏季气温20℃~25℃，年降水量为200~600毫米。山脉南侧是亚热带气候，年平均温度在20℃左右，年降水量为1200~1800毫米。山上海拔2000~2800米之间分布着针叶林和高山草甸。常见动物有狼、棕熊、山猫、高加索鹿、狍、欧洲野牛、豹等。

喀尔巴阡山脉

喀尔巴阡山脉位于欧洲中部阿尔卑斯山脉的东伸部分，在多瑙河中游以北，西起奥地利与斯洛伐克边界的多瑙河峡谷，向东呈弧形延伸，经波兰、乌克兰边境至罗马尼亚与塞黑边界的多瑙河谷的铁门处。

喀尔巴阡山脉全长超过1500千米，宽从12千米到500千米不等。山脉分为西、南、东三部分。多数山峰一般在海拔2000米以下，最高点是西喀尔巴阡的格尔拉赫峰，海拔2655米，冰川地貌仅限于少数高耸山峰。喀尔巴阡山多为断块山地，地表有受流水侵蚀的明显特征，由多列平行延伸的山岭所组成，地势不高。喀尔巴阡山脉主要可分3条地质构造带。外带是由页岩、砂岩组成，为山顶浑圆、山坡平缓的中山地貌；中带由结晶岩和变质岩构成，地势较高，多呈块状山；内带为火山岩构成的山脉。山脉地区属于西欧海洋性气候和东欧大陆性气候之间的过渡型。1月份平均气温-2℃~5℃，7月份平均气温在17℃~20℃，年降水量在800~1000毫米之间，在最高地段和迎风坡年降水量可达1200毫米以上，山麓和内部盆地一般只有600~800毫米。积雪期在山地可以达5个月。山上植被有明显的垂直分布，有草地、矮松和山毛榉等。动物主要有熊、狼、猞猁等。外带山麓矿藏丰富，有石油和天然气等。

科迪勒拉山脉

科德勒拉山脉纵贯南、北美洲大陆西部，北起阿拉斯加，南至火地岛，绵延约1.5万千米，是世界上最长的山系。它由一系列山脉、山间高原和盆地组成，属环太平洋火山地震带的一部分，火山地震比较频繁，是世界上著名的火山、地震多发带。

科迪勒拉山脉宽约800~1600千米，海拔1500~3000米，包括东、西两列山带和宽广的山间高原盆地带。东带以落基山脉为主体。西带又可分内、外两带。内带至北向南包括阿留申山脉、阿拉斯加山脉、加拿大海岸山脉、喀斯喀特－内华达山脉和加利福尼亚半岛山脉等。外带北自阿拉斯加南岸的科迪亚克岛起，南至加利福尼亚半岛，主要为沿海岛山带及美国境内的海岸山脉。科迪勒拉山脉自然资源丰富。有多种不同的垂直带结构。北美洲西北沿海和南美洲的赤道附近以及安第斯山南部，森林茂密，水能丰富。科迪勒拉山系构造复杂，由一系列褶皱断层造成，并伴有地震、火山现象，高山冰川普遍。有铜、锌、铅、锡、金、银、石油、煤等多种矿藏。

（二十）

著 名 岛 屿

马来群岛

马来群岛又称"南洋群岛"，位于亚洲东南部太平洋与印度洋之间辽阔的海域上，东西沿赤道延伸6100千米，南北最大宽度3520千米，总面积约247.5万平方千米，约占世界岛屿面积的20%，是世界上面积最大的群岛。

马来群岛由苏门答腊岛、加里曼丹岛、爪哇岛、菲律宾群岛等2万多个岛屿组成，多为山地，平原狭小，有人口2.25亿，民族众多，是东南亚至世界各地的交通要道。马来群岛的动植物群非常繁多。纬度较低，赤道横贯中部，炎热多雨的气候与肥沃的火山土壤为热带经济作物提供了适宜的生长环境。岛上居民多以种植业为生。岛上盛产橡胶、椰子、胡椒等。轻工业主要是纺织、造纸肥皂等，并藏有丰富的石油、天然气、锡等矿产资源。

中南半岛

中南半岛位于中国和南亚次大陆之间，东临南海与泰国湾，西临孟加拉湾、安达曼海和马六甲海峡，又叫"印度支那半岛"，是亚洲南部三大半岛之一。

中南半岛面积206.5万平方千米，许多国家，如缅甸、泰国等都在半岛上。岛上是典型的热带季风气候，每年3—5月为热季，冬夏季风均消退，气候炎热，月均温达25℃~30℃；6—10月为雨季，盛行西南季风，降水充沛；11月—次年2月为凉季，盛行东北季风，天气干燥少雨。年均降水量受地形影响，在迎风坡达5000毫米，而背风坡则不足2000毫米。湄公河是中南半岛最大的国际河流，为人们提供了极其丰富的水力资源。其主要港口有海防、岘港、曼谷、新加坡等。半岛上蕴藏大量有色金属矿藏，其中铅、锌、银、锑、铜、锡、钨等矿藏均占有重要地位。植物盛产柚木、橡胶和胡椒等。

印度半岛

印度半岛东临孟加拉湾，西临阿拉伯海，是亚洲南部的三大半岛之一。

印度半岛南北长1700千米，东西最宽1600千米，面积209万平方千米，平均海拔600米。印度大部分国土都在此岛上。印度半岛

的地形以平原和台地缓丘为主，北部为山地，中部为平原，南部为高原。南北地区气候差异比较明显，大部分地区属于热带季风气候，全年分为干季和雨季。每年10月—次年5月为干季，这时大部分地区干燥少雨。6—9月是雨季，几乎降雨量占全年的70%~90%，充沛的雨量有利于农作物的生长。水力资源蕴藏丰富，为农业灌溉和发电创造了有利条件。农业是印度国民经济的主体，主要有甘蔗、烟草、棉花、黄麻等。此外，茶叶、橡胶、咖啡等产量也较多。主要工业有采矿、冶金、机械、化学和纺织工业。

阿拉伯半岛

阿拉伯半岛位于亚洲西南部，以北亚喀巴湾北端—阿拉伯河口一线为界，东北临波斯湾和阿曼湾，东南临阿拉伯海，南临亚丁湾，西临红海，是世界上最大的半岛。

阿拉伯半岛南北长约2240千米，东西宽约1200~1900千米，面积约322万平方千米。半岛上有也门、阿曼、科威特、沙特阿拉伯等国，居民主要是阿拉伯人，通用阿拉伯语。伊斯兰教的创教人穆罕默德就在这里出生和生活。位于半岛上的麦加是伊斯兰教的圣地。以阿拉伯半岛为中心的阿拉伯帝国曾横跨欧、亚、非大陆。半岛上所有国家都以伊斯兰教为国教。半岛有热带荒漠、热带干草原和沙漠中的绿洲3种。热带荒漠占半岛的1/3。阿拉伯半岛有许多野生动物，如：豹子、猴子、羚羊、白羚羊等。岛上资源丰富，盛产石油，波斯湾沿岸是世界上石油、天然气蕴涵最丰富的地区之一。

大不列颠岛

大不列颠岛位于欧洲大陆西岸外的大西洋中，是欧洲最大的岛屿，是英国领土的主要组成部分。大不列颠岛上有英国的3个区：英格兰、苏格兰和威尔士。

大不列颠岛面积22万平方千米，地势是西北高，东南低。英格兰西部、苏格兰和威尔士处于高地势，大不列颠岛上的最高峰是尼维斯山，海拔1344米。东南地区海拔在200米以下，英格兰的中部和东部处在这个地区。岛上多海湾，海岸线曲折，冬天不结冰。水力资源丰富，可用于灌溉。大不列颠岛属于温带海洋性气候，冬暖夏凉，秋冬多雾，年降水量在600~1500

毫米之间。主要河流有泰晤士河、塞文河和特伦特河。河水稳定，有利于航运。其中塞文河是岛上第一长河，全长338千米。岛上工农业发达，人口稠密，英国是一个发达的资本主义国家。岛上多矿藏，以石油、天然气、煤和铁为最多。

巴尔干半岛

巴尔干半岛位于欧洲东南部，西临亚德里亚海，东濒黑海，南滨伊奥尼亚海和爱琴海，北以多瑙河、萨瓦河为界。

巴尔干半岛面积约50.5万平方千米，包括阿尔巴尼亚、希腊、保加利亚、马其顿4国全部，南斯拉夫的大部及罗马尼亚、土耳其的一小部分领土。半岛地处欧、亚、非三大陆之间，具有重要的战略地位，是欧、亚联系的陆桥，南临地中海重要航线。岛上人口6500多万，主要是阿尔巴尼亚人、保加利亚人等。岛上大部分为山地，主要山脉有喀尔巴阡山脉、巴尔干山脉等。喀尔巴阡山脉的主峰博特夫，海拔2376米。北部和东部有平原。半岛西部和南部属地中海型气候，夏季炎热少雨，冬季温和湿润。半岛内部属温和大陆性气候，冬冷夏

热。海岸线曲折，长9300千米，港口较多。矿藏有煤、石油、铜等。

格陵兰岛

格陵兰岛位于北美洲东北部，北冰洋和大西洋的交汇处，是丹麦的属地。它西临罗伯逊海峡、史密斯海峡、巴芬湾和戴维斯海峡与加拿大北极群岛相望，是世界最大的岛屿。

格陵兰岛是一个由高耸的山脉、庞大冰山、壮丽的峡湾和贫瘠裸露的岩石组成的地区。其西海岸有世界最大的峡湾，切入内陆322千米。格陵兰岛面积217.56万平方千米，有4/5的面积在北极圈内，气候严寒，年平均气温低于0℃，常有大风暴和雪暴。岛上大部分面积被厚厚的冰雪覆盖，厚度约1500米，只有在沿岸可以见到少量的无冰带。因格陵兰岛处在极地地区，它的北部有连续5个月的极昼和5个月的极夜。格陵兰岛是丹麦领土的一部分，岛上居民主要分布在气候比较温暖的西部和西南部，因纽特人占多数，主要以狩猎为生。格陵兰岛有世界最大的食肉动物——北极熊，还有北极狐、麝牛、海豹、狼等。

台湾岛

台湾岛北临东海，东北接琉球群岛，东滨太平洋，南界巴士海峡与菲律宾相邻，西隔台湾海峡与大陆福建省相望，是中国第一大岛，被誉为"宝岛"。

台湾岛及其附近属岛面积共3.59万平方千米。其中台湾岛南北长394千米，东西最宽处在北回归线附近约144千米，绕岛一周的海岸线长1139千米，面积3.57万平方千米，约占总面积的97%以上。台湾岛上多山，山地和丘陵占全岛面积2/3，主要分布在东部和中部，自东向西有台东、中央、玉山、雪山和阿里山5条平行山脉，呈北东—南西走向，以中央山脉为主分水岭。其中海拔1000米以上山地约占全部山地的一半，海拔3500米以上山峰有30余座。玉山是岛上的最高峰，海拔3997米，也是中国东南部第一高峰。台湾岛地跨北回归线南北，受黑潮影响，属南亚热带湿润气候，高温、多雨、多风，平均气温21℃~25℃。台湾岛蕴涵着丰富的矿藏，现在已经探明的各种矿藏有200多种，目前已经开采的矿藏有30多种，在台湾北端大屯山一带，还出产重要的化工原料——硫黄。这里是中国天然硫黄储量最多的地方，估计达200多万吨。岛上的油气田多分布在西北山麓和平原地区，有较多的热带动植物。

马尔维纳斯群岛

马尔维纳斯群岛又称"福克兰群岛"，位于南美大陆南端以东、麦哲伦海峡东南450千米处的南大西洋水域，西距阿根廷500多千米。1690年，英国人约翰·斯特朗发现了东西马岛之间的海峡，将它命名为"福克兰海峡"，此岛便为福克兰岛。

全境由索莱达（东福克兰）、大马尔维纳（西福克兰）两大主岛和200多个小岛组成，面积1.19平方千米。岛上多丘陵，海岸曲折，群岛以北部两条东西走向的山脉为主，最高峰尤斯伯恩山海拔达705米。岛上气候温暖潮湿，温差较小。年平均气温5.6℃。年均降水量667毫米，一年中雨雪天气多达250天左右。西风盛行。岛上居民多为英国后裔，大部分居住在索莱达岛。岛上物产丰富，主要出产羊毛、皮革等。岛上有绵羊71.2万只，年产羊毛 230 万千克。岛上蕴藏着丰富的矿才资源，有石油和天然气等。

夏威夷群岛

夏威夷群岛位于太平洋的心脏地带，向东到美国西海岸的圣弗朗西斯科近 4000 千米，向西到日本的横滨约 6300 千米，向北到阿拉斯加约 4000 千米，中间几乎没有岛屿。有"太平洋的十字路口"之称。

夏威夷群岛是一群火山岛，从西到东由 8 个大岛和 130 多个小岛组成，绵延 2400 多千米，总面积 28313 平方千米。群岛位于太平洋地壳断裂带上，由火山喷发的岩浆形成，现在火山口还经常有火山喷发。岛上多山地和丘陵，少平原。许多山地和丘陵被浓密的森林和草地覆盖着。岛上的基拉韦厄和冒纳罗亚火山是世界上活动力旺盛的火山。在基拉韦厄火山的山顶有一个巨大的破火山口，在破火山口的西南角有个翻腾着炽热熔岩的火山口，其中的熔岩，有时向上喷射，形成喷泉，有时溢出火山口外，形如瀑布，吸引了众多的游人。岛上属于热带雨林气候，气温不高，迎风坡降雨多，背风坡降雨少。一年四季温度都在 14℃~32℃ 之间，变化不大。岛上主要产蔗糖和菠萝，其中菠萝占全世界产量的 3/4。岛上植物和昆虫众多，有世界上罕见的"绿色人面兽身蝶"。

斯里兰卡岛

斯里兰卡岛位于南亚次大陆南端，西北靠马纳尔湾，隔保克海峡与印度相望，东北部为孟加拉湾，是印度洋上的岛国。

斯里兰卡岛呈鸭梨形，平均宽度 22 千米，面积 6.56 万平方千米。岛上多高原，2/3 是平均3000米的起伏不平的高原。岛的南部是山区，海拔在 1000 米以上，沿海地区为平原，整个西部海岸线平直；北部地区平坦，丛林较多；东部海岸狭窄，沿岸多岩礁。岛上多属于温热带气候，沿海地区平均气温 26℃~28℃，中部和南部高原地带日夜温差比较大，平均气温 10℃~26℃，年平均降水量 1283~3321 毫米。岛上主要矿藏有石墨、钛铁、云母等，是世界上著名的宝石之乡。农作物主要有茶叶、橡胶、椰子，被称为斯里兰卡的特产三宝。斯里

水岭的余脉，最高峰奥萨山海拔 1617 米。它西部多山脉、峡谷；中部为高原，有众多湖泊；东部主要是低高地。德文特和南埃斯克是岛上的主要河流。岛上气候湿润，夏季暖热，冬季温和。2 月份最热，平均温度到达 21℃。西部山区年降雨量超过 2500 毫米，雨水充沛地区有温带雨林。沿海地区渔业发达。岛上的主要矿产有铁、锌、铅、铜、锡、钨、煤等。中西部有丰富的水电资源。农牧产品有木材、水果、羊毛、乳品等。

兰卡是岛上的主要国家，是佛教之国，大多数国民信奉佛教。

塔斯马尼亚岛

塔斯马尼亚岛是澳大利亚的一个岛，在维多利亚州以南 240 千米处，中间隔巴斯海峡，主要包括主岛塔斯马尼亚以及布鲁尼岛、金岛、弗林德斯岛、麦夸里岛和沿海小岛，距离南极洲只有 2500 千米。

塔斯马尼亚岛面积 6.83 万平方千米。岛呈心形，多山，为大分

新地岛

新地岛位于俄罗斯北部的喀拉海和巴伦支海之间，属于北冰洋群岛，主要由南北两大岛组成，还有另外的一些小岛从东北向西南延伸 1000 多千米。

新地岛总面积 8.26 万平方千米。此岛是呈长形的石山，寸草不生，有很多冰河遗迹及峡湾，岛上山顶积着厚雪，有千年冰川。南北

两大岛之间是马托奇金海峡，宽度仅为 1.6~2.4 千米。位于新地岛南端的库素瓦地岛隔喀拉海峡与瓦伊加奇岛及大陆相望。岛上属于极地荒漠带，气候严寒，多风，并常有大雾。新地岛的无名海湾沿岸的岩石上，有 200 多万只海鸟占据着，其中以海雀、三趾鸥、贼鸥为主，又被称为"鸟的天堂"。岛上也是海豹、海象的栖息地。岛上有一座 18 世纪时两位探险家过冬的小屋，现只剩一根木梁插在屋址供人凭吊。地上石块长满黑苔藓及地衣。

新不列颠岛

新不列颠岛是西南太平洋俾斯麦群岛中最大的岛屿。1884 年它是德国属地，1944 年为澳大利亚托管地新几内亚的一部分，现为巴布亚新几内亚的属岛。此岛长约 480 千米，宽约 80 千米，面积 3.7 万平方千米，人口 22.2 万（1980 年）。新不列颠岛地势崎岖多山，有多处活火山，最高峰为乌拉万峰，海拔 2300 米，海岸线曲折，有许多优良港湾。岛上气候较为炎热，温暖湿润。岛上有许多经济作物，盛产椰子、可可、咖啡、木材等，出口以椰干为主。拉包尔是岛上的主要城市。新不列颠岛曾发现一怪兽，灰色、4 只角、高 3 米、头像狗，有一条鱼尾，当地村民称此怪兽已经吃了 3 条狗，警方已经下令逮捕，据称是一只海龟。

九州岛

九州岛古时候为筑紫、筑后、丰前、丰后、肥前、肥后、日向、萨摩、大隅 9 国，因此称为"九州岛"。它位于日本西南端，东北隔关门海峡与本州岛相对，东隔丰予海峡和丰后水道与四国岛相望，东南临太平洋，西北隔朝鲜海峡与韩国为邻，西隔黄海、东海与中国遥对。

九州岛面积 4.34 万平方千米（包括属岛）。岛的北部是筑紫山地，低矮平缓，海拔 500 米左右，多盆地和平原；南部地势高峻，九州山脉纵贯，祖母山是其主峰，海拔 1758 米。岛上河流众多，水流湍急，水力资源丰富，海岸线曲折，多海湾、半岛和火山。岛上是四季分明的气候类型，温暖多雨，年平均气温 13℃~16℃，年降水量 1500~2500 毫米。岛上有大片森林，占全岛面积的 1/5。农副产品丰富，有各种水果、蔬菜和加工品。煤炭资源丰富，产煤量居日本前列。

海南岛

海南岛古代被称为"朱崖"、"琼崖"或"琼州"。它位于琼州海峡之南，所以被称为"海南岛"。海南岛是一个大陆岛，也是中国第二大岛。

海南岛的地形是中央高，四周低，以山地和台地为主，南北长245千米，东西宽258千米，面积32200平方千米，岛上有3列主要山脉：呈东北—西南走向，中部五指山横空出世，非常著名。南部沿海，多低山和丘陵，部分伸入海中，成为半岛和小岛。海岸线长1477千米，曲折多港湾。岛上属于热带海洋季风气候，全年高温，光照丰富。雨量充沛，每年5—10月份的降水量占全年降水量的3/4以上。大部分地区年降水量在1700毫米左右，是中国降水较多的地区之一。岛上河流众多，比较短小。南渡江和万全河是较大的河流。有丰富的地下水资源。岛上盛产橡胶、咖啡、可可、椰子、槟榔、胡椒等。其中橡胶占中国橡胶种植面积的一半以上。沿海港口有海口、三亚等。

蒂汶岛

蒂汶岛南隔蒂汶海与澳大利亚相望，是东南亚努沙登加拉群岛中最大、最东的岛屿，面积3.4平方千米。岛上高山连绵，海岸陡峭，有火山。法塔迈洛是岛上最高点，海拔2920米。岛上气候炎热，年降雨量1500毫米，有干季和雨季之分。岛上盛产红木、檀木、柚木等。矿藏主要有砂金、铜、锰、铁等。农作物和经济作物有玉米、稻米、椰子、咖啡、橡胶等。岛上有帝力、古邦等城市。

哈马黑拉岛

哈马黑拉岛又称"济罗罗岛"。它属于印度尼西亚，是印尼的马鲁古省中最大的岛屿。岛上多山岭，山岭纵贯了全岛，苏拉山是岛上的最高峰，海拔1508米。岛上有许多火山，其中大都集中在西北半岛，形成了一个火山群，火山群中有5座活火山，是一个地震多发区。岛上海岸陡峭，珊瑚礁较多。岛上属于热带气候，终年炎热多雨，有大片热带森林。岛上经济比较发达，居民以农业和工业为生。农产品和经济作物丰富，有椰子、西谷、烟叶、甘蔗、藤条、树脂和珍珠贝等。岛上最丰富的矿产是镍和钴，主要用于出口，曾和多个国家签订镍、钴生产约定。镍、钴产量可以分别达到4.85万吨和4600吨。

四国岛

四国岛濒临大阪海湾和太平洋，包括德岛、香川、爱媛和高知4个县，是日本群岛中面积最小的一个，是日本第四大岛。四国岛面积18200平方千米，岛上多山，山脉纵贯全岛，山地约占全境面积80%。岛上的最高峰为石锤山，海拔1982米。四国岛河流短小，水流湍急，有丰富的水流资源，主要河流有吉野川、四万十川和仁淀川等。岛上南北气候有明显的差别，北部温暖多雨，南部气温高，降雨量也较多，年降水量在2000毫米以上。其农业和渔业都比较发达，主要农作物是稻米和蔬菜。爱媛的柑橘产量与质量均居全国首位。工业有石油、化学、机械、造船业等。矿产比较贫乏。

新喀里多尼亚岛

新喀里多尼亚岛位于大洋洲的美拉尼西亚南边，是法国领土的一部分，官方语言为法语。新喀里多尼亚岛主要由新喀里多尼亚岛和洛亚蒂群岛组成，是大洋洲的第三大岛。

新喀里多尼亚岛长约500千米，宽50千米，面积18575平方千米，周边有公正岛、松柏岛、贝莱普岛以及其他诸多小岛，有世界上最大的□湖。岛上植物种类繁多，是太平洋众多岛屿中植物种类最多的一个。这里有世界上最丰富的热带森林之一以及长期的火山运动，这里有着令人惊叹的自然风光。东西部差距较大，东部是滨海地区，气候非常湿润，覆盖有茂密的植被，如：椰子树、紫藤等；而西部则是一片稀树草原。岛上有喀里多尼亚本地人（或称美拉尼西亚人）与欧洲人、印度尼西亚人、波利尼西亚人及亚洲人混合居住在一起。

松巴哇岛

松巴哇岛是印度尼西亚的岛屿，

它与龙木岛组成西努沙登加拉省。此岛东西长约251千米，南北宽70~80千米，面积1.5万多平方千米，拥有人口30多万。岛上多山地，其中1000米以上的山峰约有20座，坦博拉活火山是群山中的最高峰，海拔2821米。1815年坦博拉活火山曾发生大爆发，给印度尼西亚造成了一定的损失。岛上有众多海湾，曲折深入，位于中部的萨莱湾最大，几乎将岛屿分成了两段。岛上有一定的物产，如：稻米、柚木、白檀木和良马，并且开采硫黄。拉巴位于岛的北岸，是此地区的行政中心。比马是一个比较有名的外港，是重要的马匹出口港。

萨马岛

萨马岛位于米沙鄢群岛东部，萨马海和菲律宾海之间，又被译为"三描岛"。它仅次于吕宋岛和棉兰老岛，是菲律宾第三大岛。

萨马岛东西宽40~96千米，南北长160千米，面积13271平方千米。1980年萨马岛拥有人口120多万，岛上居民多为萨马人和米沙鄢人。萨马岛上多山地、丘陵，海滨有狭窄平原。岛上河流众多，从岛的中心流向四周，海的中部为

海拔800米左右的山地。岛上年平均气温在26℃以上，年雨量2000~3500毫米。岛上主要城市有西萨马、卡巴浴甘、甲描育等。其中西萨马位于萨马岛中西部，临萨马海是此岛上的一个优良海港，约有人口4.8万，是萨马岛上的交通要冲，有公路连接岛上的主要居民点。岛上森林茂密，农产品主要有稻米、椰子、甘蔗、蕉麻、烟草、咖啡等。工业以制药、制糖、木材加工为主。主要矿藏有铬、铁、煤、金、铜、磷等。

新爱尔兰岛

新爱尔兰岛位于巴布亚新几内亚。它是西南太平洋俾斯麦群岛的第二大岛。新爱尔兰岛呈狭长状，长约322千米，面积约8650平方千米。岛上山脉众多，有茂密的森林。岛的东部靠海，土地比较肥沃，主要种植经济作物，有椰子、可可等。卡维恩位于岛的西北端，是主要港口，也是此地区的行政中心。

巴拉望岛

巴拉望岛位于棉兰老岛和北婆

罗洲之间，地处菲律宾，被称为"菲律宾的最后一片净土"。在2万多年以前，这里就有了人类的活动，为菲律宾迄今为止自然生态环境保护最完好的地方，故又被称为"最后的边疆"和"野生动植物的乐园"，1976年被列为国家公园，公园有一条长8千米的地下河。巴拉望北部的卡拉依特岛是野生动物的天堂，充满原始森林的风貌。这里有来自非洲的动物和菲律宾本土的动物。普林赛萨港是巴拉望州政府所在地，是该州的主要对外通道，也是与其他岛屿的联络点。塔本洞窟是巴拉望南部的著名景观，被称为菲律宾的"文化摇篮"。

班乃岛

班乃岛位于内格罗斯岛的西北部，南北长152千米，东西宽120千米，面积11520平方千米。它西部有许多山地，海拔千米以上；中部为班乃河各地，地势比较低，土壤肥沃，为重要农业区；东部有丘陵，绵延起伏。一般地区有明显的干湿季，年平均气温25℃~28℃，年降雨量1500~3000毫米。岛上农田较多，稻田占第二位，仅次于吕宋岛。另外，还有玉米、甘蔗、烟草和水果等。沿海盛产鱼，怡朗、罗哈斯是主要港口。内地有山区，岛上居民多为米沙鄢人，山区有少量矮黑人，多以养马为生。

牙买加岛

牙买加是位于拉丁美洲加勒比海上的一个岛国，是西印度群岛的第三大岛。它隔海与古巴为邻。岛上泉水密布，在高山幽谷间流淌，所以有"泉水之岛"之称。

牙买加岛的面积1.1万平方千米，岛上多山岭，山峰都不很高，最高峰也只有2256米。岛上属于热带气候，湿润多雨，丛林密布，鸟语花香。境内分布着大面积的石灰岩，这些岩石被酸性水侵蚀而出现裂缝、溶洞，岩石层中也出现了盛水的空间。当岩层受到地壳的挤压时，就会出现缺口，岩层中的水便流出地表形成泉水。牙买加1962年从英国获得独立，目前实行君主立宪制，约有人口253万。牙买加首都金斯敦位于东南岸海湾内岛上最高山峰兰山西南脚下，附近有肥沃的瓜内亚平原，风景秀丽，是世界第七大天然深水良港，也是旅游、疗养胜地。

邦加岛

邦加岛位于南海西南，苏门答腊以东，隔邦加海峡，北濒南中国海，西隔加斯帕海峡至忽里洞岛，南临爪哇海，面积1.1万平方千米。岛上约有人口30万，岛上居民主要是印尼人和汉族人口。邦加岛地势多为残丘低地，没有较高的山脉，其中有几座山头高300~600米，沿岸多沼泽地。岛上气候较热，温暖湿润，年降雨量达3000毫米。岛上矿藏较为丰富，有锡、铁、铜、铅等。锡砂产量最多，占全国一半以上，居世界首位。文岛港是主要的炼锡厂，位于西北岸。沿海重要港口有行政中心槟港和东南亚著名的胡椒市场文岛。岛上农作物主要有旱稻、橡胶、胡椒、椰子、西谷、安息香、木材等。

松巴岛

松巴岛东临萨武海，北隔松巴海峡与松巴哇岛和弗洛勒斯岛相望，是印度尼西亚小巽他群岛中的岛屿。松巴岛长224千米，宽80千米，面积1.4万平方千米。松巴岛气候为典型的热带气候，全年平均气温在26℃~28℃。从12月到次年3月为雨季，雨量丰富，河流一般不能通航。岛上多高地，大都在600~1000米，松巴峰是岛上最高峰，海拔1340米。岛上居民多饲养良种马，并以此著称于世。岛上还有玉米、咖啡、烟草和水果等农副产品。官方语言为印尼语，但酒店、机场、旅游业人员可以说英语。哇英加普位于岛的北岸，是此地区的行政中心。

布雷顿角岛

布雷顿角岛位于加拿大新斯科舍省东部，隔坎索海峡与大陆相望，是北美洲大西洋上的岛屿。岛上有布拉多尔湖，将整个岛屿几乎分成了两半。布雷顿角岛面积10000平方千米。岛的东部是工业区，锡德尼是钢铁工业区，还有采煤业。岛的西部是种植区，种有许多谷物、蔬菜等。另外养羊业、渔业和木材加工业也比较重要。布拉杜尔湖畔的巴德德克有电话发明人亚历山大·贝尔纪念馆，路易斯堡国家历史公园有18世纪法国要塞遗址，都是著名景观。

维提岛

维提岛是斐济群岛的第一大岛，面积为 10390 平方千米，占全国陆地面积的 50% 以上，也是斐济群岛中经济最为发达和人口比较集中的地方，首都苏瓦市和楠迪国际机场就在这里。岛上有几条主要河流，部分河段适于航运。岛上的初级产品加工业和旅游业都比较发达。

伊利安岛

伊利安岛位于西太平洋的赤道南侧，西与亚洲东南部的马来群岛毗邻，南隔阿拉弗拉海和珊瑚海与澳大利亚大陆东北部相望，又称"新几内亚岛"，是太平洋第一大岛，仅次于格陵兰岛，是世界第二大岛。

伊利安岛呈西北—东南走向，长约 2400 千米，中部最宽处 640 千米，面积约 78.5 万平方千米。岛上多山，是世界上海拔最高的岛屿，大部分山地、高原，海拔都在 4000 米以上。查亚峰（旧称卡斯滕士峰）是岛上最高峰，海拔 5030 米，也是大洋洲的最高点。岛上山峰多为死火山锥。部分山区

近期还发生火山喷发，并有频繁的地震。这些山岭道路崎岖，不利于交通。岛上属于赤道多雨气候，气温比较高，年较差小。沿岸有沼泽和红树林。主要河流有曼伯拉莫河、塞皮克河、拉穆河、马克姆河，迪古尔河和弗莱河等。

维多利亚岛

维多利亚岛南与大陆隔海峡、海湾相邻，是北美大陆北部北冰洋群岛中三大岛屿之一，是以英国女王维多利亚的名字命名的，属加拿大西北地区，是世界第九大岛屿。维多利亚岛面积 13 万平方千米，岛上地面低平，多为冰雪覆盖。岛上只有 3 个小居民点，最大的在坎布里奇湾，约有 500 人。岛上居民主要是因纽特（爱斯基摩）人，主要以捕猎稀少的野生动物为生。

埃尔斯米尔岛

埃尔斯米尔岛位于加拿大的最北端，东北紧临格陵兰岛，是伊丽莎白女王群岛中面积最大的岛屿，为加拿大第三大岛。

埃尔斯米尔岛面积约 20 万平

方千米，岛上多峡湾，如阿切峡湾，两侧悬崖高出海面 700 米，蔚为壮观。岛上生活着因纽特人，他们以麝牛和驯鹿为食，用它们的皮毛、骨骼做衣服和武器，猎杀海洋动物。在岛上有一片最大的绿洲便是黑曾湖地区。湖畔生机勃勃，长有苔藓、伏柳、石楠和虎耳草等。夏季，草原上有成群的麝牛和驯鹿，还有成千上万只雪白的北极野兔竞相奔跑。

加拉帕戈斯群岛

加拉帕戈斯群岛位于太平洋中，东距南美洲大陆约 1000 千米。于 1978 年被联合国教科文组织宣布为"人类自然财产保护区"。

加拉帕戈斯群岛东西长 300 千米，南北约 200 千米，面积有 8000 多平方千米，是由海底抬升的熔岩堆积物形成的一组海洋岛，包括 15 个大岛、42 个小岛、26

个岩礁。群岛中最大的岛屿是面积 4588 平方千米的伊莎贝拉岛，是由第三纪晚期的海底火山爆发形成的。加拉帕戈斯群岛上有 4 个气候带，沿海地区降水稀少，平均温度 21℃，中部地区温热多雨，平均温度为 17℃。岛上有许多矿产及珍奇异兽。最著名的动物有巨型海龟（又称"象龟"），它们的数量成千上万，身长多在 1 米以上，成熟的龟体重约 180 千克，最重的体重可达 250 千克，寿命最长的可达 400 年。1835 年 9 月 15 日，岛上来了一艘名叫"贝格尔"号的英国海军测量船，著名生物学家达尔文就在这艘船上，他在岛上收集标本，研究发现岛上部分动植物是举世无双的。

（二一）

著 名 海 峡

海峡的定义

海峡指的是连接着两个大面积水域的狭窄通道。也就是说，海峡是夹在两个陆地之间连接两个海或洋的狭窄水道，一般深度比较大，水流比较急。海峡是海上交通的走廊，它连接着两个海或两个洋或海和洋，如台湾海峡沟通东海和南海、麦哲伦海峡沟通太平洋和大西洋、直布罗陀海峡沟通地中海和大西洋。大约1.5万年以前，爱斯基摩人和印第安人就越过白令海峡从亚洲进入美洲；澳洲的土著居民大约在2.5万多年以前从南洋群岛到托雷斯海峡而定居下来。这时海峡就成了两个大陆之间交通的捷径。现在许多海峡处于重要的战略地位，是海洋上的交通要道，所以向来是兵家的必争之地。全世界共有海峡1000多个，适于航海的海峡约有130多个，有40多个交通比较繁忙。

海峡的分类

根据海峡水域同沿岸国家的关系，海峡可以分为以下几种：

内海海峡：位于一个国家的领海基线以内，航行制度由沿岸国家自行制定，如中国的琼州海峡。

领海海峡：如果海峡两岸分属两国，其宽度在两岸领海宽度以内，通常允许外国船舶享有无害通过权。航行制度由沿岸两国共同制定。如果是国际通航海峡，则适用过境通行制度。

非领海海峡：位于领海以外的海峡水域中，宽度大于两岸的领海宽度，这种海峡不属于任何国家，所以一切船舶均可自由通过。

海峡的形成

一般来讲，有两种作用可以形成海峡，一是海水通过地峡的裂缝经长期侵蚀可以形成海峡，一是海水淹没下沉的陆地低凹处可以形成海峡。海峡内一般水比较深，水流湍急且多涡流。海峡内的海水温度、盐度、水色、透明度等水文要素的垂直和水平方向的变化较大。底质多为坚硬的岩石或沙砾，细小的沉积物较少。一般的海峡都利于航行，是大海之间沟通的重要航道。有的海峡多暗礁，不利于航行。

马六甲海峡

马六甲海峡位于东南亚马来半岛与苏门答腊岛之间，连接南海与安达曼海，是世界最繁忙的海峡之一，因在马来亚海岸上的贸易港口马六甲而得名，是太平洋与印度洋之间的重要通道，主要深水航道偏于海峡东侧，可容巨轮通过。海峡处于赤道无风带，适合航行。沿岸的新加坡港，是世界著名大港，能容纳许多船只同时停泊。许多发达国家进口的石油和战略物资，都要经过这里运出。马六甲海峡长1080千米，北口宽370千米。峡底较平坦，水深为25~27米，最深200米。马六甲海峡年平均气温在25℃以上，年降雨量在3000毫米左右。两岸地势低平，热带丛林遍布两岸，到处可见高60米的树木。两岸又是热带橡胶、锡和石油的重要产地。西岸多红树林和海滩，淤积旺盛，东西海岸线每年可伸展60~500米，通航历史达两千多年，是环球航线的一个重要航线。

直布罗陀海峡

直布罗陀海峡位于西班牙伊比利亚半岛南端和非洲西北角之间，北岸为西班牙，南岸为摩洛哥。它是大西洋和地中海之间的唯一海上通道，被称为"西方的生命线"。两岸山势雄伟，景色优美。沿岸有直布罗陀、阿耳赫西拉斯和休达等港口。1704年英国占领了直布罗陀，建立军事基地，控制着海峡的交通。直布罗陀海峡全长约90千米，西宽东窄，东端介于直布罗陀市和阿尔霍山之间；中段介于马基罗和锡雷斯之间，宽22千米；西端介于特拉法尔加角和斯帕特尔之间，宽43千米。东深西浅，最浅处水深301米，最深处水深1181米，平均深度约375米。直布罗陀海峡处于副热带高压带，年平均气温比较高，日照强烈，干旱少雨。冬春季节气温都在0℃以上。

英吉利海峡

英吉利海峡位于英国和法国之间，是大西洋的一部分，西通大西洋，东北经多佛尔海峡连通北海，是世界上最繁忙的海上要道之一。具有重要的战略地位，有"银色航道"之称。海峡两岸港口密布，工业发达。南安普敦与勒阿弗尔是海峡上最大的港口。英吉利海峡是分割大不列颠岛和欧洲大陆的狭窄浅海，也是欧洲最小的一个陆架浅海。海峡长 563 千米，东窄西宽，平均宽为 180 千米，最宽处 241 千米，最窄处 33 千米。面积 8.9 万平方千米。英吉利海峡潮汐落差较大，有丰富的水利资源，并且潮汐资源是世界海洋潮汐能源最丰富的地区。海峡盛产鱼类，也是重要的渔场。海峡地区气候冬季温暖，夏季凉爽，温差比较小，常年温暖湿润，多雨，并有大雾，日照比较少。1 月气温最低，平均约为 4℃~6℃，7 月最高，约 17℃。

莫桑比克海峡

莫桑比克海峡位于马达加斯加岛和非洲大陆之间，沟通南北印度洋，是世界上最长的海峡。

莫桑比克海峡全长 1670 千米，最大宽度为 960 千米，平均水深约 3000 米，最大水深为 4316 米。海峡南北两端有尤罗帕岛和科摩罗群岛扼守，形势极为险要。海峡两岸地形复杂，两侧大陆架峡窄，陆坡陡峭。海底由戴维海岭、莫桑比克海盆、马达加斯加边缘台地和科摩罗海盆组成，戴维海岭纵贯海峡中部，海岭的西南面为莫桑比克海盆。莫桑比克海峡属于热带，终年炎热多雨，海中多珊瑚礁。莫桑比克海峡地理位置极其重要，是世界上较繁忙的海上航道之一。自苏伊士运河通航后，欧亚之间的海上航程大为缩短，但 20 万吨级以上的超级油轮，仍需经过莫桑比克海峡取道好望角，每年有 2.5 万多艘海轮经过莫桑比克海峡。主要港口有贝拉、马普托、马任加等。

德雷克海峡

德雷克海峡是从南美洲最顶端的合恩角一直延伸到南极半岛的一片水流非常湍急的区域，它位于南美洲和南极洲之间，紧邻智利和阿根廷两国，是大西洋和太平洋在南部相互沟通的重要通道。1578 年 9 月，英国航海家弗朗西斯·德雷克首次抵达德雷克海峡，此后该海峡就以他的名字来命名。

德雷克海峡全长 900 千米，它是世界上最宽的海峡，其最宽处达 950 千米，最窄处也有 890 千米。

该海峡是世界上最深的海峡，其最大深度为 5840 米。德雷克海峡地处南极，气候寒冷，海上多风暴，并且多发生地震，常吞噬航行的船只。表层水温比较低，但富含磷酸盐，有利于生物的生长。

白令海峡

白令海峡位于亚洲东北部的楚科奇半岛和北美洲西北端的阿拉斯加半岛之间，是沟通北冰洋和太平洋的唯一水上通道。1728 年丹麦探险家白令发现了此海峡，于是被命名为"白令海峡"。

白令海峡长 60 千米，宽 35~86 千米，水深 30~50 米。它是两大洋（太平洋和北冰洋）、两个海（白令海和楚科奇海）、两个洲（亚洲和北美洲）、两个国家（俄罗斯和美国）、两个半岛（阿拉斯加半岛和楚科奇半岛）的分界线，国际日期变更线也通过海峡水道的中央。代奥米德群岛处于海峡的中央，将海峡分隔成三条通道。白令海峡地处高纬度，气候寒冷、多暴风雪，冬季最低气温可达-45℃以下，表层能结冰厚 2 米多，每年 10 月到次年 4 月结冰，严重影响航行。白令海峡在第四纪冰期时，海面比现在低一二百米，海峡成为亚洲和北美洲之间的"陆桥"，当时欧亚大陆上的许多动物便通过"陆桥"进入北美洲的中部和南部，并在那里定居下来。

台湾海峡

台湾海峡位于中国台湾省和福建省之间，是连接东海和南海的唯一通道，是中国最大的海峡。

台湾海峡呈东北—西南走向。南北长约 380 千米，东西平均宽约 230 千米，最窄处仅 130 千米，面积约 7.7 万平方千米，平均深度约 80 米，最大深度约 1400 米。台湾海峡通常以福建平潭岛至台湾富贵岛的连线为北界，以福建省的东山岛至台湾岛的猫鼻岛连线为南界。海峡中南部偏东侧有澎湖列岛，它与台湾岛西岸由一宽约 37 千米的澎湖水道隔开。台湾海峡全部位于大陆架上，海底地形起伏不平，资源丰富，鱼虾种类多，台湾浅滩是中国重要渔场之一。主要经济鱼类有带鱼、鱿鱼、鲨、黄花鱼等。养殖业很发达，主要有牡蛎、花蛤等，藻类有石花菜、紫菜和海带等。海峡两岸南部，是中国有名的海盐产地，素有"东南盐仓"之称。此外，海峡地区富有石油资源，还有磁铁矿等矿产。台湾海峡具有重要的国际航行价值，东北亚各国与东南亚、印度洋沿岸各国间的海上往来，从这儿经过比较近便，台湾海峡有中国东南的"海上走廊"之称。

马里亚纳海沟

马里亚纳海沟位于菲律宾东北、马里亚纳群岛附近的太平洋底，是世界上最深的海沟。

马里亚纳海沟最深的地方有1.1万米，是1951年英国"挑战者"在太平洋测量时发现的。现在达到了11034的记录。海沟全长2550千米，为弧形，平均宽70千米，大部分水深在8000米以上。对于此海沟的形成一般认为是海洋板块与大陆板块相互碰撞造成的，这里是地质活动强烈的区域，经常发生火山和地震。因为海洋板块岩石密度大，位置低，便俯冲插入大陆板块之下，进入地幔后逐渐溶化而消亡。在发生碰撞的地方会形成海沟，在靠近大陆一侧常形成岛弧和海岸山脉。这个海沟是一个高压、漆黑和冰冷的世界，通常的温度是2℃，水压超过1266千克/平方厘米。如果把一个0.45千克重的钢球投到海沟里，这个钢球需要64分钟才能到达海底。

鞑靼海峡

鞑靼海峡又称"间宫海峡"或"涅维尔斯科依海峡"。日本探险家间宫林藏于1808年对该海峡进行了探查，日本人将其命名为间宫海峡。俄国人称为涅维尔斯科依海峡。此海峡位于俄国境内，太平洋西北部，是沟通鄂霍次克海和日本海的海峡。海峡长633千米，宽40～342千米，深30～230米，最窄处7.3千米。尼古拉耶夫斯克是沿岸主要城市。

宗谷海峡

宗谷海峡位于俄罗斯萨哈林岛南端与日本北海道岛西北端之间，由第四纪初岛架沉降而形成，是沟通鄂霍次克海和日本海的海峡。8世纪80年代俄国航海家拉彼鲁兹航行到此，海峡被称为"拉彼鲁兹海峡"，日本人称"宗谷海峡"。海峡长101千米，最窄处43千米，深50～118米。海峡中有两股海流，中北部海水温度低于南部，北

部平均水温为 6.5℃，盐度为 32.5‰，南部平均水温为 15℃，盐度为 34.1‰，冬季多流冰和大风，夏季多大雾，不利于航行。科尔萨科夫是北部良港。海峡附近盛产鲱鱼和海带。

津轻海峡

　　津轻海峡位于日本本州与北海道之间，是沟通日本海与太平洋的水道。可以通到鄂霍次克海和阿留申群岛，具有重要的战略地位。海峡长 110 千米，宽 18.5~78 千米，深 131~521 米，中间宽两端窄。海底地形崎岖不平，东深西浅，西部最浅处 133 米，东部最深处 449 米。中央水道一般水深 200 米，最深处 521 米。海峡内海浪波涛汹涌，不利于航行，1982 年建成了连接日本本州的青森和北海道函馆的青函隧道。海峡内汇合有几种海流，富含营养物质，有大量的浮游生物，并且盛产鱼类，沿海地区有渔业基地。

朝鲜海峡

　　朝鲜海峡位于朝鲜半岛东南与日本九州、本州岛之间，是沟通日本海与东海、黄海的重要通道。是从日本海进出太平洋的要道，它对于俄罗斯的海军意义重大，是俄罗斯太平洋舰队进入太平洋最宽、最重要的航道，具有重要的战略地位。

　　朝鲜海峡呈东北—西南走向，长约 260 千米，宽约 185 千米，水深约为 50~150 米，最大水深 228 米。海峡底部地形平坦，便于航行。海峡两端区域开阔，海岸线曲折，多岛屿，有巨济、对马、平户和福江岛等。海峡被对马岛分割成东西两大水道。两岸海港众多，较优良。海峡地区属于温带季风气候，表面水温冬季 10℃~15℃，夏季 23℃~28℃。冬季海浪大，气温比较低，夏季多西风和西南风，降水比较丰富，年降水量达 1400~2200 毫米。海峡渔产丰富，渔港有釜山、长崎、福冈等。

对马海峡

　　对马海峡位于亚洲东部偏北。向西与黄海相通，向西南抵达东海，东入太平洋，北连日本海，是中国东海和日本海间的交通要道，具有重要的战略地位。广义指日本对马岛与懿岐岛之间的水道。海峡呈东北—西南走向，长 222 千米，宽 50 千米，中部水深过百米，底部比较平缓。海岸线曲折，多岛屿。著名港口有下关、福冈、北九州等。对马海峡有方向相反的一股暖流和一股寒流。暖流控制下，温暖多雨，年平均水温 20℃~24℃。海峡地区还是重要的渔场。冬春之际日本海的冰坡与对马岛暖流汇合，为最佳捕鱼时间。

根室海峡

根室海峡位于日本北海道和国后岛之间，是沟通鄂霍次克海和太平洋的海峡。海峡宽 35~70 千米，中部海峡最狭处仅 16 千米，深 5~30 米，南口水深 20~30 米，中部 5~10 米，北口的中部超过 2000 米。1~2 月水面结冰，海峡地区盛产鱼类，知床半岛东岸的罗臼港是著名的渔业基地。

关门海峡

关门海峡旧称"下关海峡"或"马关海峡"，位于日本山口县下关市与九州北端北九州市门司区之间，是沟通日本海与濑户内海的海峡。海峡长 24 千米，最窄处 0.7 千米，深 13~20 米。1942 年和 1944 年分别凿通了两条铁路隧道，下条长 3614 米，上条长 3605 米；1958 年在东部凿通了一条公路隧道，全长有 3460 米，宽 4~7.5 米，方便了交通。

大隅海峡

大隅海峡位于日本九州岛南端的大隅半岛和大隅诸岛之间，是沟通东海与太平洋的海峡。海峡宽 28.2 千米，最深处 117 米。许多国家的船只都从这里经过，是东海进入太平洋到达北美的最近航道，各国船只可以自由通过。中美贸易的运输量占这条海路运输总量的 1/4 左右。

济州海峡

济州海峡位于朝鲜半岛西南端与济州岛之间，西连黄海，东通朝鲜海峡。宽 130 千米，是朝鲜半岛东西两岸海上联系的重要航道。半岛侧 100 米左右有大陆架，比较发达。鱼产丰富，并有海底石油。济州岛侧水深达 140 米。海峡中有众

多岛屿，揪子群岛、巨文岛、珍岛等是比较有名的岛屿。

渤海海峡

渤海海峡位于中国的辽东半岛和山东半岛之间，是沟通渤海与黄海的海峡，是渤海内外海运交通的唯一通道。海峡长 115 千米，宽 105.6 千米，深 30~74 米。庙岛群岛位于海峡中，把海峡分隔成 8 条长短不同的水道，有老铁山水道，大、小钦水道，北砣矶水道，南砣矶水道，长山水道，登州水道等。一般水道在 20~40 米之间，其中老铁山水道最深处 83 米。海峡渔产丰富，庙岛群岛为重要的渔场。

苏里高海峡

苏里高海峡是沟通莱特湾和保和海的海峡。海峡呈狭长形状，长 55.56 千米，最窄处宽 18.52 千米。南口较窄约 22.2 千米，北口较宽约 46.3 千米，呈喇叭状。海峡内水流湍急，旋涡翻滚，两岸有礁石和悬崖峭壁，山峰林立。从地形上看这是一处绝佳的伏击阵地，舰队只要在出口一字排开，敌人就

很难通过海峡。所以自古以来也是战略要地。

新加坡海峡

新加坡海峡位于马来半岛南部的新加坡和廖内群岛之间。此海峡连接南海、马六甲海峡和安达曼海，是沟通太平洋和印度洋的重要的水上航道。海峡长 110 千米，宽 4.6~37 千米，深 22~157 米。海峡内多岛屿和浅滩，海峡地区终年高温多雨，风力比较弱，两岸景色秀丽，利于航行，也是著名的旅游胜地。此海峡是世界上航运最繁忙的水道。

巴斯海峡

巴斯海峡位于澳大利亚东南端突出部分与塔斯马尼亚岛之间，是由第三纪新构造运动大陆陷落形成的，是沟通南太平洋和印度洋的海峡，1798 年英国航海家 G.巴斯率队第一次穿过该海峡，便以他的名字命名为"巴斯海峡"。海峡东西长约317 千米，南北宽 128~224 千米。面积 7.8 万平方千米，水深 50~97 米，平均水深 70 米。海峡

西边有名金岛，东端有名弗林德斯岛，横列在海峡两端。海峡东北水域近海一带有石油资源。

库克海峡

库克海峡位于新西兰南岛和北岛之间，是由地壳构造运动中沉陷而形成的，是沟通南太平洋和塔斯曼海的海峡。1770 年英国航海家 J.库克曾到此，所以此海峡被命名为"库克海峡"。海峡长 205 千米，宽 23~150 千米，深 71~457 米，平均水深 128 米。海峡两侧是悬崖峭壁，海面波涛汹涌，水流湍急。海峡地区气候冬温夏凉、年温差变化不大，1 月平均气温 15℃左右，7 月平均气温 8℃左右，年降水量约 1000 毫米。惠灵顿岛和南岛布莱尼姆之间通火车轮渡。

哈得孙海峡

哈得孙海峡位于加拿大魁北克省北部和西北部巴芬岛之间，是加拿大东海岸外一条海底大峡谷。1610 年英国探险家亨利·哈得孙首次驶船通过该海峡，由此海峡便以他的名字命名。

哈得孙海峡长约 800 千米，宽 65~240 千米，最深 942 米，是连接哈得孙湾和福尼斯湾与拉不拉多海的通道。海峡地区气候寒冷，大部分时间有冰冻。仅夏末秋初可通航，其余大部分时间用破冰船开通航道。

丹麦海峡

丹麦海峡位于格陵兰东南部和冰岛之间，处于北极圈上，是沟通北冰洋和北大西洋的海峡。海峡长 520 千米，宽 260~450 千米，深 227~1600 米。峡中多浮冰和冰山，是由东格陵兰寒流带来的。第二次世界大战期间英德海军曾在此海峡处激战。

卡特加特海峡

卡特加特海峡位于欧洲日德兰半岛和瑞典西海岸之间，是斯卡格拉克海峡的延伸部分，是波罗的海通向大西洋的水上交通要道。海峡长 220 千米，宽 60~140 千米，深 10~124 米，平均水深 26 米。流入海峡的河流众多，有约塔河，哈兰省的拉甘河、尼桑河、艾特兰河和

维斯坎河等。海峡有许多岛屿，最大的岛是珊索岛、莱斯岛和安霍尔特岛。海峡冬季结冰，盛产鲱、鲭等鱼。此海峡是航运比较繁忙的水域之一，主要港口有哥德堡、奥胡斯等。

利姆海峡

利姆海峡位于北欧日德兰半岛的北部，原是北海和卡特加特海的两个峡湾，100多年前才形成海峡。海峡呈西南—东北走向，长180千米，宽24千米，深3~5米，最深15米多。横贯日德兰半岛北部，把北部地区同丹麦大陆分开。海峡西部多湖泊，有动植物。

厄勒海峡

厄勒海峡位于瑞典南部和丹麦的西兰岛之间，是英国和法国之间连接北海和英吉利海峡的海上通道，法国称"加来海峡"。

厄勒海峡长56千米，大部分地段宽30~40千米，最窄处28.8千米，水深20~37米，最深64千米。海流由西南向东北流，受海峡约束，海潮增大，最大潮差9千

米多，海峡地区多雾，航道窄，航运比较繁忙，是西北欧十多个国家与世界各地间的海上航线，所以船只几乎全部从这里通过，是世界上最繁忙的海上航道之一。1993年全长53千米的海底隧道正式投入使用，是目前世界最宽敞的海底隧道。沿岸港市有多佛尔和敦刻尔克加来。

大贝尔特海峡

大贝尔特海峡又称"大海峡"，位于丹麦西兰岛和菲英岛之间，北经萨姆索海峡同卡特加特海峡相通，南由朗厄兰海峡同波罗的海相连。海峡长64千米，最狭处宽16千米，水深12~58米。冬季比较严寒，水面结冰，不能通航。海峡上有大贝尔特桥，长1624米，是世界上第二长的悬索桥。桥孔高65米，任何巨轮都可以通航。

小贝尔特海峡

小贝尔特海峡又称"小海峡"或"小带海峡"，位于丹麦菲英岛和日德兰半岛之间，北连卡特加特海峡，南通波罗的海基尔湾。海峡长

约48千米，宽约0.8千米，水深7~80米。冬季比较寒冷，水面结冰，不能通航。港口较多，菲英岛的米德尔法特、阿森斯和日德兰半岛上的腓特烈西亚是主要港口。海峡上有新小贝尔特桥和旧小贝尔特桥。

费马恩海峡

费马恩海峡位于德国费马恩岛和丹麦的洛兰岛之间，是欧洲波罗的海西南部的海峡，连接基尔湾和梅克伦堡湾的水上航道。海峡宽18千米，最深30千米。费马恩岛的普特加登和洛兰岛的勒德比是沿岸主要港口。

卡尔马海峡

卡尔马海峡位于瑞典大陆东南部和厄兰岛之间，是波罗的海内的海峡。海峡长140千米，宽3~22千米。主要港口有卡尔马、奥斯卡、博里耶霍尔姆等。这里有欧洲最长的公路联系两地，长6070米。

伊尔别海峡

伊尔别海峡位于爱沙尼亚萨列马岛南端和拉脱维亚西北岸之间，在波罗的海的东南部，是沟通里加湾和波罗的海的海峡。海峡长65千米，宽33千米，深10~20米。冬季水面结冰，不能通航。

北克伐尔肯海峡

北克伐尔肯海峡位于波的尼亚湾南、北部，宽75千米，深度6~29米。

北海峡

北海峡位于英国的苏格兰和爱尔兰岛东北部之间，是沟通大西洋和爱尔兰海的海峡。海峡长170千米，宽20千米，深272米。阿伦岛和吉厄岛位于海峡上，岛上设有灯塔。

圣乔治海峡

圣乔治海峡位于英国的威尔士和爱尔兰岛之间，是沟通爱尔兰海

和大西洋的海峡。南北长约 160 千米，东西宽约 80~153 千米。

多佛尔海峡

　　多佛尔海峡又称"加来海峡"，位于英国和法国之间，是沟通北海和大西洋的海峡。海峡长 30~40 千米，平均宽度 33 千米，最窄处仅 28.8 千米，大部分水深 24~50 米，最深 64 米。此海峡是国际上的重要航道，西北欧 10 多个国家与世界各地之间的海上航线有许多从这里通过；同时它又是欧洲大陆与英伦三岛之间距离最短的地方。是航运比较繁忙的海峡之一。

墨西拿海峡

　　墨西拿海峡位于亚平宁半岛和西西里岛之间，是地中海中沟通第勒尼安海和爱奥尼亚海的海峡。长 40 千米，宽 3.5~22 千米，深 85~1240 米。海峡内有希拉岩礁与卡里布迪斯大旋涡，水流湍急，不利于航行。墨西拿和雷焦卡拉布里亚分别位于海峡的西岸和东岸，是两个主要港口。墨西拿海峡上建设的墨西拿大桥是世界上最长的悬索桥。

突尼斯海峡

　　突尼斯海峡位于非洲突尼斯与欧洲意大利的西西里岛之间，是地中海中段的重要水道。海峡最窄处 148 千米，最深处 1300 多米，历来是东、西地中海之间的航运要道。水道东坡有意大利的藩泰莱利亚岛把持，西有突尼斯的舍里克半岛扼守。

马耳他海峡

　　马耳他海峡是沟通地中海东、西部的海峡，最窄处宽 93 千米。

奥特郎托海峡

　　奥特郎托海峡是沟通亚得里亚海与爱奥尼亚海的海峡。长 120 千米，最窄处宽 76 千米，深 115~978 米。

科孚海峡

　　科孚海峡位于爱奥尼亚海北部，在阿尔巴尼亚南端海岸同希腊克基拉岛（科孚岛）和埃皮鲁斯地区西北海岸之间，是阿尔巴尼亚西南沿海和希腊西部沿海间的海上通道。海峡长48千米，北口宽2.4千米，南口宽9.6千米。

卡尔帕托斯海峡

卡尔帕托斯海峡是沟通爱琴海和地中海的海峡。宽42.6千米。

博斯普鲁斯海峡

博斯普鲁斯海峡又名"伊斯坦布尔海峡"，北连黑海，南通马尔马拉海和地中海，把土耳其领土分隔成亚洲和欧洲两部分。是亚欧巴尔干半岛东部突出部分，东岸是亚洲小亚细亚半岛西北端的突出部分，是黑海沿岸国家唯一出海口，也是国际著名水道。关于海峡名称的由来，还有一个传说：古希腊万神之王宙斯，曾变成一头雄壮的神牛，驮着一位美丽的人间公主，从这条波涛汹涌的海峡游到对岸。海峡便因此而得名。

博斯普鲁斯海峡全长30.4千米，最宽3.6千米，最窄708千米，最深120千米，最浅27.5千米。海峡中央一带，渔业资源丰富。博斯普鲁斯海峡大桥位于海峡南端

的最窄处，是欧洲第一大吊桥，横跨在海峡西岸的奥尔塔科伊和东岸的贝伊勒尔之间，连接着欧、亚大陆。海峡中段有一座古堡，现在海峡地区已经成为土耳其的旅游胜地。

贝尔岛海峡

贝尔岛海峡位于北美洲的加拿大纽芬兰岛和拉布拉多半岛之间，是圣劳伦斯湾通往大西洋最靠北的通道，也是从欧洲到圣劳伦斯地区最直接的航道。1534年6月9日卡尔迪耶穿过了这个海峡，并且发现了一个小岛，他把此岛命名为"贝尔岛"意为"美丽之岛"。这个海峡就被称为"贝尔岛海峡"。海峡长50千米，宽16~24千米。冬春两季常冰封，不能通航。

卡博特海峡

卡博特海峡是沟通圣劳伦斯湾与大西洋的海峡。长90千米，宽50~161千米，深380~529米。

莫纳海峡

莫纳海峡是沟通加勒比海与大

西洋的海峡。长 110 千米，宽 105 千米，深 60~1570 米。

牙买加海峡

牙买加海峡是沟通加勒比海不同海域之间的海峡。宽 187 千米。

阿内加达海峡

阿内加达海峡位于英属维尔京群岛和圣马丁岛之间，是沟通大西洋和加勒比海的海峡。宽 60 千米，深 1800 米，最深 2300 米以上。

瓜德罗普海峡

瓜德罗普海峡位于瓜德罗普岛和安提瓜岛之间，是小安的列斯群岛中背风群岛的海峡，是加勒比海和大西洋之间的水上通道。宽约 55 千米。

圣文森特海峡

圣文森特海峡是沟通加勒比海与大西洋的海峡。宽约 40 千米。

麦哲伦海峡

麦哲伦海峡位于南美洲大陆南端和火地岛、克拉伦斯岛、圣伊内斯岛之间。海峡东连大西洋，西通太平洋，是由地壳断裂下陷而形成的。1520 年，葡萄牙航海家麦哲伦首先驶船通过此海峡，故以他的名字命名为"麦哲伦海峡"。

麦哲伦海峡东西长 580 千米，南北宽 3.3~33 千米。弗罗厄得角位于海峡中部，把海峡分成东西两段。西段海峡曲折狭窄，入口处宽度 48 千米，最窄处仅 3.3 千米，最深处达 1170 米。海峡海岸线曲折，两岸岩壁陡峭。海峡处于西风带，峡中低温多雨并且多大风和雾，水流湍急，不利于航行。但巴拿马运河开通以前是南大西洋和南太平洋之间的重要航道。

明打威海峡

明打威海峡是沟通印度洋不同海域的海峡。宽 90~137 千米。

霍尔木兹海峡

霍尔木兹海峡位于西亚的阿曼

半岛和伊朗之间，是波斯湾通向印度洋的唯一通道。霍尔木兹一词来自波斯语，意为"光明之神"。霍尔木兹海峡中有一座霍尔木兹岛，公元1100年阿拉伯人在岛上建立霍尔木兹王国，因此海峡被命名为"霍尔木兹海峡"。

霍尔木兹海峡全长150千米，最窄处仅33千米，水深60~90米，平均水深70米。海峡中多岛屿、岩石和海滩，南岸穆桑代姆半岛突入海峡，使海峡呈"人"字形。海峡地区属于热带沙漠气候，终年干燥。表层水温比较高，年平均为26.6℃，最热月达31.6℃，最冷月为21.8℃。蒸发强烈盐度大，年降水量只有300毫米。霍尔木兹海峡是重要的国际石油输出通道，是西方国家的石油"大动脉"，号称"世界油库的总阀门"。此海峡被阿曼、伊朗、阿拉伯联合酋长国三国扼守，被称为"石油海峡"。这里分布着大约34个运输石油和天然气的管道端点，每年从这里运出的石油占世界石油出口总量的一半以上。

奔巴海峡

奔巴海峡是沟通印度洋不同海域之间的海峡。宽57千米。奔巴海峡沿岸是著名的旅游胜地。位于肯尼亚南部海滨，距离蒙巴萨岛80千米。

喀拉海峡

喀拉海峡位于俄罗斯西伯利亚以北，是北冰洋的一部分，是沟通巴伦支海与喀拉海的海峡。海峡长33千米，宽45~58千米，深50~119米。在西边，新地岛和喀拉海峡将喀拉海与巴伦支海隔开，在东边，北地群岛又将喀拉海与拉普捷夫海分离。喀拉海长约1450千米，宽约970千米，水域面积88万平方千米，平均水深110米。注入喀拉海的河流有鄂毕河、叶尼塞河和皮亚西纳河。其沿岸的主要城市是诺维港和迪金森。喀拉海是重要的渔场，海底富含石油和天然气。

尤戈尔斯基沙尔海峡

尤戈尔斯基沙尔海峡位于俄罗斯北部与瓦加奇岛之间，是沟通巴伦支海与喀拉海的海峡。长39千米，宽2.5~12千米，深15~36米。

马托奇金沙尔海峡

马托奇金沙尔海峡是沟通巴伦支海与喀拉海的海峡。长98千米，宽0.6~21千米，深2~150米。

拉普捷夫海峡

拉普捷夫海峡位于西伯利亚沿岸的泰梅尔半岛、北地群岛、新西伯利亚群岛之间。1935年为纪念首先勘测沿岸的拉普捷夫兄弟而得名。东连东西伯利亚海，西通喀拉海，北临北冰洋。面积约70万平方千米，海水体积36.3万立方千米，平均水深519米，最大水深3358米。北深南浅，海域有3/4面积位于大陆架上。海域位于北极圈内，气候严寒。海面封冰期9个月以上，夏季仍有浮冰，不利于航运。提克西是主要港口。沿岸有海豹、海象、北极熊等动物。

朗加海峡

朗加海峡位于俄罗斯北冰洋沿岸与弗兰格尔岛之间，是沟通东西伯利亚海与楚科奇海的海峡。长95千米，宽125~165千米，深40~44米。

（二二）

著名峡谷瀑布

峡谷的定义

峡谷指的是两坡陡峭，深度大于宽度并且中间狭而深的谷地。一般发育在构造运动抬升和谷坡由坚硬岩石组成的地段。世界上有许多著名峡谷，如：科罗拉多大峡谷、布莱斯峡谷、东非大裂谷等。有许多峡谷是修建水库坝址的理想地段，如：中国长江的三峡，黄河干流的刘家峡、青铜峡等。

峡谷的分类

峡谷是指狭而深的谷地。峡谷

按照其形成原因可以分为三类：风蚀峡谷：是由风蚀作用加宽加深冲沟所成的谷地；水蚀峡谷：是由流水的长期侵蚀作用形成的峡谷；冰蚀峡谷：是由冰川的侵蚀作用形成的峡谷。

峡谷的形成

峡谷一般形成在构造运动抬升的时候，谷坡由坚硬的岩石组成。当地面隆起速度与下切作用协调时，比较容易形成峡谷。

科罗拉多大峡谷

科罗拉多大峡谷位于美国西部，是世界陆地上最长的峡谷。1540年，一支远征队长途跋涉路经此地，始发现大峡谷，并为其惊人的景色惊叹不已。从此大峡谷的面貌才逐渐为世人所知。1919年，威尔逊总统批准将它辟为国家公园，总面积达1100多平方千米。

科罗拉多大峡谷是由于科罗拉多河的冲蚀形成的，大约形成于5万~6万年以前，峡谷两岸北高南低。峡谷长400千米，宽度从6000米到数十千米不等；平均谷深1600米，谷底宽度762米；谷底河面海拔不到1000米，谷岸最高海拔3000米。大峡谷山石多为红色，从谷底到顶部分布着从寒武纪到新生代各个时期的岩层，层次清晰，色调各异，并且含有各个地质年代的代表性生物化石，又被称为"活的地质史教科书"。1919年，科罗拉多大峡谷被辟为国家公园。此地农业发达，畜牧业规模较大，北岸是森林草原，年平均降雨量约660毫米，南岸只有400毫米，多白松。

东非大裂谷

东非大裂谷位于非洲东部，是世界上最大的断层陷落带，是非洲大地上最有魅力的自然景观。也是非洲地震最频繁、最强烈的地区，被称为"地球的伤痕"。

东非大裂谷南起莫桑比克海岸的贝拉港附近，向北延伸到马拉维湖北端，从马拉维湖北端起分为两支：东支裂谷带沿维多利亚湖东侧，向北经坦桑尼亚、肯尼亚中部，穿过埃塞俄比亚入红海。全长近6000千米，平均宽度48~56千米，最宽超过200千米。这支裂谷在肯尼亚境内轮廓清晰，有一连串位于断层盆地内的小湖泊，裂谷两侧壁坡陡峭，在阿伯德尔与马乌断块山的山脊处，裂谷两侧的高度往往超过3000米。东支裂谷经图尔卡纳湖向东北进入埃塞俄比亚高原，继续向北入红海海岸附近的达纳基尔洼地后，裂谷再次分为两支。东支形成亚丁湾，西支形成红海，并继续延伸到亚喀巴湾、死海和约旦河谷地。南支裂谷带大致沿维多利亚湖西侧由南向北穿过坦噶尼喀湖、基伍湖湖泊，向北240千米逐渐消失，规模比较小。根据板块构造学说，大裂谷是陆块分离的地方。地壳下呈高温熔融状态的地幔物质上涌，先使地壳隆起，继而变薄，然后断裂形成的。裂谷地带雨量充沛，土地肥沃，是肯尼亚主要的农业区。东非大裂谷带湖区，河流从四周高地注入湖泊，湖区雨量充沛，河网稠密，马隆贝湖、马拉维是其南部湖泊。

死谷

死谷位于美国加利福尼亚州东部的沙漠地区，为西北—东南延伸的断层地沟。死谷长225千米，宽6~26千米，周围山势起伏，风光旖旎，有着100万年的历史。它是北美洲最热、最干旱的地方，被称为"人间地狱"。死谷的最低点在海平面下82米，低于海平面的面积达1408平方千米，是美洲海拔最低的地区。谷地夏季气候炎热，平均气温52℃，最高气温曾达56.7℃。年降水量不足100毫米。约5万年以前，大量湖水充满了该谷地，后来，约在5000—2000年以前，这里还有一个浅湖，当湖水蒸发完，在该湖最低处留下了一层盐，形成了我们今天看到的盐盆。当水往沙漠里流时，水便蒸发掉，没有淌出来，古代的形状使这里成

了最热的地区，1913年的记录温度达到了57℃，在石头上能把鸡蛋煎熟。谷上有硼砂、铜、金、银、铝等矿藏。1933年美国在此建立死谷国家公园。

布莱斯峡谷

布莱斯峡谷位于美国犹他州帕绍甘梯高原的东端。1875年，有一名叫做埃比尼泽·布莱斯的苏格兰拓荒者在峡谷底部建立了一个牧场，这里环境险恶，生活艰难。他称这峡谷是"养不活一头牛的地狱"，这座峡谷也是以他的名字命名的。

约6万年以前，这片地区被淹没在水里，形成了一层由淤泥、沙砾和石灰组成的沉积物，厚600米。后来由于地壳的运动，这些岩石在抬升中再裂成块状，岩石经风化后形成了奇形怪状的石头。特别是褐岩红石更加引人注目。冬季的布莱斯峡谷别具一格，红石、白雪、蓝天、翠柏，色彩斑斓，令人叹为观止。布莱斯峡谷是嶙峋的、呈半圆形的高原之端，并不是由河流切蚀而形成的。犹他州南部的地形呈巨大的阶梯状，顶部便是布莱斯峡谷，海拔2800米。最低一级位于大峡谷的边缘。

雅鲁藏布江大峡谷

雅鲁藏布江大峡谷位于"世界屋脊"青藏高原之上，平均海拔3000米以上，险峻幽深，侵蚀下切达5382米，具有从高山冰雪带到低河谷热带季内雨林等9个自然带，是世界自然带最齐全、最完整的地方。

雅鲁藏布江大峡谷两侧是高耸的南迦巴瓦峰和加拉白峰，其山峰均为强烈上升断块，巍峨挺拔，直入云端。峰岭上冰川悬垂，云雾缭绕，气象万千。雅鲁藏布江大峡谷是青藏高原上的最大水汽通道，受印度洋暖湿气流的影响，大峡谷南段年降水量高达4000毫米，北段也在1500~2000毫米之间，整个大峡谷地区异常湿润，森林茂密，形成了世界上生物种类最丰富的峡谷。大峡谷水流险恶，河水平均流量达4425立方米/秒，河流流速高达16米/秒，水流湍急。

瀑布的定义

瀑布指的是从悬崖或河床纵断面陡坡处倾泻下的水流。由于远看如挂着的白布，所以被称为瀑布。

世界上有许多著名瀑布，如：尼亚加拉大瀑布、安赫尔瀑布、伊瓜苏瀑布等。

瀑布的类型

瀑布按照水流的高宽比例可以分为：垂帘型瀑布和细长型瀑布；按照岩壁的倾斜角度可以分为：悬空型瀑布、垂直型瀑布和倾斜型瀑布；按照有无跌水潭可以分为：有瀑潭型瀑布和无瀑潭型瀑布；按照水流与地层倾斜方向可以分为：逆斜型瀑布、水平型瀑布、顺斜型瀑布和无理型瀑布；按照所在地形可以分为：名山瀑布、岩溶瀑布、火山瀑布和高原瀑布。

瀑布的形成

瀑布的形成首先要具备水和高低陡然变化的地形。大自然中有以下几种作用可以形成瀑布：

一、地壳运动，发生断裂错动，断裂的两侧又产生了相对升降，造成了很陡的岩壁，河流经过这里，直泻而下，便形成了瀑布。

二、火山喷发以后，在火山顶端留下火山口，如果积水成湖，湖

水溢出，也能形成瀑布。

三、火山爆发，喷出岩浆，或是地震引起了山崩，堵塞了河道，形成天然的堤坝，提高了水头，水流溢出，也会形成瀑布。

四、由于构成河流河床的岩石性质不同，它抵抗水流冲刷的能力也不同，硬性岩石抵抗力强些，不易被冲蚀，软性岩石抵抗力较弱，容易被冲蚀。因此产生了河底地形的高低差别，这也是瀑布形成的一个原因。

五、在冰川分布地区，由于冰川刨蚀深度的差异，留下了深浅不一的冰川"U"形谷，后来被河流占据了，水流在深浅差异很大的谷地交接处流过，就形成了瀑布。

六、在河流注入海洋处的海岸，常常由于猛烈的海浪拍击，迫使海岸后退，河流缩短，原来高出海面的河底就会"悬置"在海岸上，河流在入海处就形成了瀑布。

七、在石灰岩地区常有地下暗河，在暗河流过的地方，如果地势高低陡然变化或者暗河从陡峭的山崖涌出，这样就会形成瀑布，蔚为壮观。

伊瓜苏瀑布

伊瓜苏瀑布位于巴西的巴拉那河，流经巴西南部、巴拉圭和巴西、阿根廷两国的交界处。进入阿根廷

东北部，至巴拉那折向东海，注入拉普拉塔河。1984年被联合国教科文组织列为世界自然遗产。

伊瓜苏瀑布宽4000米，在汇入巴拉那河之前，水流渐缓，在阿根廷与巴西边境，河宽1500米，像一个湖泊。水往前流陡然遇到一个峡谷，河水直泻而下，凸出的岩石将奔腾而下的河水切割成大大小小270多个瀑布，形成一个景象壮观的半环形瀑布群，平均流量每秒1750多立方米，总宽度3000米至4000米，平均落差80米，最高最壮观的瀑布位于正中，叫"鬼喉瀑"。伊瓜苏瀑布水力资源丰富，蕴藏着巴西一半以上的水资源，有众多支流，巴拉圭河、铁特河、伊瓜苏河等。20世纪70年代以来，阿根廷和巴拉圭在这里修建水电站，有科尔普斯水电站和亚西雷塔-阿皮佩水电站。

尼亚加拉大瀑布

尼亚加拉大瀑布位于加拿大和美国交界的尼亚加拉河流至安大略湖南边的悬岩。南起美国纽约州的布法多城，北至加拿大安大略的杨格镇。是世界三大奇景之一，它与南美的伊瓜苏瀑布、非洲的维多利亚瀑布合称世界三大著名瀑布。

尼亚加拉河横跨美国纽约州与加拿大安大略生的边界。河流蜿蜒而曲折，南起美国纽约州的布法多，长54千米，海拔却从174米直降至75米。从距伊利湖北岸32千米起河道变窄，水流加速，河水忽然从50多米的高崖垂直下泻，形成世界上罕见的奇观——巨瀑。尼亚加拉河在下坠成瀑布之前被鲁那岛和山羊岛分成三部分，靠东的一股称为"美利坚"瀑布；靠山羊岛的一股称为"新娘"瀑布；第三股在美国和加拿大的交界，称为"加拿大"瀑布。三条瀑布流面宽达1160米，水量丰富，极为壮观。瀑布发出的轰隆之声震耳欲聋，在几千米之外都能听到。

维多利亚瀑布

维多利亚瀑布又称为"莫西奥图尼亚"，它位于非洲的赞比西河上，是非洲最大的瀑布，也是世界三大瀑布之一。1989年被列入《世界遗产目录》。

赞比西河流至赞比亚西部河津巴布韦交界处时，前面出现了一个千丈峡谷挡住去路，在宽约1800米的瀑布上骤然翻身，规模巨大，

发出雷鸣般的声响，声音可传出十几米，方圆五六十千米以外都隐约可见，惊心动魄，激起千层浪花，以其形状和声音闻名遐迩。1855年英国传教士利文斯敦首先来到这里，以英国女王的名字命名为"维多利亚瀑布"。维多利亚瀑布带是长达97千米的"之"字形峡谷，落差106米。整个瀑布被利文斯敦岛等4个岩岛分为五段，因流量和落差的不同被命名为"魔鬼瀑布"、"主瀑布"、"马蹄瀑布"、"彩虹瀑布"和"东瀑布"。这五段瀑布各有特点，都是世界上少有的奇观。

安赫尔瀑布

安赫尔瀑布又名"丘伦梅鲁瀑布"，它位于南美洲委内瑞拉玻利瓦尔州的圭亚那高原、卡罗尼河支流丘伦河上，在密林深处，是世界上落差最大的瀑布。

1937年10月9日美国飞行员安赫尔架着飞机到委内瑞拉寻找传说中的溪流，无意发现了这个瀑布，不幸飞机坠毁，后人为了纪念他，把这条瀑布叫做"安赫尔瀑布"。安赫尔瀑布是一个多级落差瀑布，第一级落差807米，接着又下跌172

米，直至丘伦河谷地。瀑布宽 150 米，从悬崖峭壁凭天泻下，落差达 979.6 米，约是尼亚加拉瀑布高度的 18 倍。每当晨昏之际，瀑布从悬崖飞泻直下，宛如一条英姿勃勃的银龙从天而降，发出隆隆的雷鸣声，蔚为壮观。在安赫尔瀑布下游，有个叫做"卡奈马"的地方。这里也是瀑布众多，景色迷人。委内瑞拉政府在这里开辟了旅游区，修建了一条能起落喷气客机的跑道。

土格拉瀑布

土格拉瀑布位于南非纳塔尔省西部土格拉河上游，是一个多级瀑布。落差 950 米，仅次于南美洲的安赫尔瀑布，居世界第二，也是世界上最高的瀑布。

土格拉河发源于莱索托北部边界上的泉山，沿途接纳克利普河、布法罗河等支流，在纳塔尔省埃绍韦南 40 千米处注入印度洋。上游峡谷深切，多瀑布，其中最著名的就是土格拉瀑布。土格拉瀑布分为 5 级，落差共 950 米，其中最高一级落差为 411 米，景色雄伟，气势磅礴。附近有占地 341.23 平方千米的巨人堡野生动物保护区和占地 80 平方千米以上的皇家纳塔尔国家

公园。这里是著名的游览胜地，吸引了众多的游人。

卡兰博瀑布

卡兰博瀑布位于赞比亚和坦桑尼亚边境地区，在赞比亚姆巴拉西北 32 千米处，地处卡兰博河的火山岩峡谷中，为多级瀑布，是非洲第二大瀑布。河水在坦噶尼喀湖附近，从陡峭的悬崖飞流直下，形成 215 米高的飞瀑，气势磅礴，蔚为壮观，是此地著名的游览胜地。

约塞米蒂瀑布

约塞米蒂瀑布位于美国加利福尼亚州内华达山脉西坡、旧金山以东 240 千米处，在约塞米蒂国家公园内。瀑布由上、下约塞米蒂两瀑布组成，落差分别为 436 米和 98 米，加当中一段，总落差 739 米，是世界落差最大的瀑布之一。此瀑布是约塞米蒂国家公园的主要景观。

拉库克南瀑布

拉库克南瀑布位于盖亚那和委内瑞拉边境，是卡罗尼河支流库克

南河的源头。瀑布落差 610 米，是
南美洲最大的瀑布之一。

东马多拉瀑布

东马多拉瀑布位于挪威，落差
517 米，为多级瀑布，单级最高落
差为 297 米。

加瓦林瀑布

加瓦林瀑布位于法国中比利牛
斯省的波河上，是一个二级瀑布。
总落差 422 米，单级最大落差 281
米，宽 15 米，流量 6.3 米/秒。
是法国落差最大的瀑布。

格尔索帕瀑布

格尔索帕瀑布又称"焦格瀑
布"，位于印度卡纳培克邦西部，沙
拉瓦蒂河上，高差达 289.09 米。
是印度落差最大的瀑布，这里景色
壮丽，是著名的旅游胜地。建有马
哈提马甘地水电站。

孔恩瀑布

孔恩瀑布是湄公河最大的瀑布，
位于老挝南部边境，是老挝著名的
大瀑布，占巴塞省南部临近柬埔寨
边境边，离柬埔寨不远。瀑布总宽

10 千米，洪汛落差 15 米，枯水落差 24 米。年平均流量 1.2 万立方米/秒，被称为是世界上流量最大的瀑布。

孔恩瀑布被岩礁分成两部分。西边的是桑法尼瀑布，地势较高，枯水时断流；东边的名为法芬瀑布，是孔恩瀑布的主瀑布。此瀑布枯水时落差 18 米。雨季洪汛流量为 4 万立方米/秒。

壶口瀑布

壶口瀑布位于中国山西省吉县以西 23 千米处。黄河进入中游后，两岸高山夹峙，水流非常湍急，有许多暗礁、险滩和瀑布。特别是从壶口到龙门的一段，两岸山崖高达数百米，河水飞流直下，水声震耳欲聋。悬挂在断岩上的水流好似一把巨大的水壶正在向外倾倒，"壶口瀑布"便由此得名。

壶口瀑布落差 30 米，宽度最大时可以达到 1000 米以上，最大瀑面 3 万平方米。滚滚洪流，到这里急速收敛，注入深潭，声似雷鸣，几千米以外都可以听到。水波飞溅，激起百丈水柱，形成腾腾雾气，有惊涛拍岸、浊浪排空之势！壶口瀑布不仅有"水中冒烟"的奇景，更有"旱地行船"之说。上游船只到此，必须离开水面，经人抬或车运绕过壶口，才可以入水继续航行。

德天跨国大瀑布

德天跨国大瀑布位于中越边境中国广西壮族自治区大新县境内，横跨中国和越南两个国家，是亚洲第一、世界第二大的跨国瀑布。为国家特级景点。

德天跨国大瀑布源起广西靖西县归春河，终年有水，流入越南又回流广西，经大新县德天村处遇断崖跌落而成瀑布。此瀑布与越南板约瀑布相连，宽 200 多米，纵深 60 多米。瀑布气势磅礴，有三级。声势浩大，声闻数里，蔚为壮观。德天瀑布雄奇瑰丽，变化多姿。瀑布地区，树木繁茂，有不错的田园风光。

（二三）

著 名 海 湾

海湾地处陆地边缘，是人类从事海洋活动的重要场地。

海湾的定义

海湾是海或洋的一部分延伸入大陆，其深度和宽度逐渐减小的水域。通常以湾口附近两个对应海角的连线作为海湾最外部的分界线。世界上的海湾主要分布在北美洲、欧洲和亚洲沿岸，比较大的海湾有240多个。有的海湾和海不加以区别，如：阿拉伯海是湾，又称为海；墨西哥湾、孟加拉湾名字上带湾，但实际上是海。海湾一般水比较深，海浪比较小，海底地形比较平坦，各种船只都可以在海湾停泊、栖息。

海湾的形成

一般来讲，有以下几种作用可以形成海湾：沿岸泥沙纵向运动的沉积物形成沙嘴时，使海岸带一侧被遮挡而呈凹形海域时会形成海湾；当海面上升时，海水进入陆地，海岸线变曲折，凹进的部分就会形成海湾；当伸向海洋的海岸带岩性软硬程度不同，软质岩层不断遭受侵蚀而向陆地凹进，便逐渐形成了海湾。

孟加拉湾

孟加拉湾位于印度半岛、中南半岛、安达曼群岛和尼科巴群岛之间，北临缅甸和孟加拉国，南在斯里兰卡至苏门答腊岛一线与印度洋本体相交，经马六甲海峡与暹罗湾和南中国海相连，是世界上最大的海湾。

孟加拉湾总面积为217.2万平方千米，总容积为561.6万立方千米，平均水深为2586米，最大深度5258米。孟加拉湾的深海盘呈"U"字形，深度达4500米。盆底有两个特征：北部有很直，长达5000千米的东经90°以及由陆架沉积物冲积而成的恒河三角洲。海脊的顶峰，水深约为2134米，覆盖着恒河三角洲的沉积物。恒河和布拉马普特拉河是它的主要源泉。孟加拉湾的海流随风向变化，春、夏两季，潮湿的西南风引起顺时针方向的环流；秋季和冬季，受东北风的作用，转变为反时针方向环流。水温25℃~27℃，盐度30‰~34‰。沿岸有多种喜温生物，如恒河口的红树林、斯里兰卡沿海浅滩的珍珠贝等。孟加拉湾是太平洋和印度洋之间的重要通道。

墨西哥湾

墨西哥湾是北美洲东南部海湾，因濒临墨西哥而得名"墨西哥湾"。海湾的东部与北部是美国，西岸与南岸是墨西哥，东南方的海上是古巴，形状呈椭圆形。经过佛罗里达海峡与大西洋相通；经过尤卡旦海峡与加勒比海连接。

墨西哥湾东西长约1609千米，南北宽约1287千米，面积154.3万平方千米，仅次于孟加拉湾，是世界第二大海湾。平均深度1512米，最大水深5203米。海湾沿岸曲折多湾，岸边多沼泽、浅滩和红树林。北岸有著名的密西西比河流入，把大量泥沙带进海湾，形成了巨大的河口三角洲。在尤卡旦海峡，有一条海槛，位于海面下约1600米深，作为墨西哥湾和加勒比海的分界。墨西哥湾位于热带和亚热带，高温多雨，8月份气温最高，可达28℃以上；2月份气温最低，北部约12℃，南部达22℃。冬季常有强风，夏季多飓风。年平均降水量达1500毫米左右。西北与西部沿岸和附近大陆架盛产石油、天然气和天然硫黄。

几内亚湾

几内亚湾又称"妇女湾"。西起利比里亚的帕尔马斯角，东到加蓬的洛佩斯角，是非洲西部大西洋的一个海湾。

几内亚湾面积153.3万平方千米，平均水深2960米，最大水深6363米。盐度34‰~3‰，因为有尼日尔等大河注入，现在减为30‰。突出海湾的尼日尔河三角洲把海湾分为西部的贝宁湾和东部的邦尼湾。几内亚湾海岸线平直，湾内多岛屿，有比奥科岛、圣多美和普林西比岛等。几内亚湾沿岸南北两侧的广大地区是热带草原气候，东非高原虽然地处赤道附近，但是，海拔较高，不具备形成热带雨林的条件，所以也是热带草原气候。沿岸多浅滩、泻湖和茂密的红树林。几内亚湾是重要的水上交通要道，是西非沿岸国家间和通往大西洋的水域。矿产资源非常丰富，种类繁多，储量大，不少矿产占世界重要地位。例如：黄金、金刚石的储量和产量都占世界第一位；铜、铁、铀和其他金属矿产的储量也多。沿岸主要经济作物有可可、油棕、咖啡、橡胶等，主要港口有阿比让、阿可拉等。

阿拉斯加湾

阿拉斯加湾位于北太平洋东北角，北美大陆的西北侧，西邻阿拉斯加半岛和科迪亚克岛，东接斯潘塞角，在美国的阿拉斯加州南缘，是太平洋东北部的一个宽阔海湾，是世界上最大、最富饶的渔场之一。

阿拉斯加湾宽2200千米，面积153.3万平方千米，平均水深2431米，最大水深5659米，沿岸多峡湾和小海湾。阿拉斯加湾地处太平洋的冰冷水域，海水温度比较低，水质肥沃，没有污染。有丰富的海洋生物资源。其中渔业资源最为丰富，盛产风味独特的三文鱼，肉质精细的大比目鱼、鳕鱼及鲽鱼，还有海参和各种蟹鱼类产品等。

哈德逊湾

哈德逊湾位于加拿大东北部的巴芬岛与拉布拉多半岛西侧，是一个多雾、多冰、近封闭的内陆浅海。1609年有一个来自荷兰西印度公司的代表，他曾经带领探险团队找寻欧洲通往太平洋的"西北通道"，后来这个海湾就以他的名字——哈

德逊命名。

哈德逊海湾形似扁盘，面积约82万平方千米，平均水深100米，最大水深257米。海湾中经常有风暴和浓雾，一年中雾日达300天左右。海水10月开始结冰，不利于航行。哈德逊湾有一种有名的狼，被称为"哈德逊湾狼"，这种狼生活在哈德逊湾附近，主要居住在哈德逊湾的西部和北部，有时也会随着驯鹿群而迁徙到南部去。狼的体型中等，冬季毛色几乎是纯白的，有利于在雪地中隐蔽自己，过去常被错误地称为"苔原狼"。哈德逊湾北部时常有北极熊出现，这里的北极熊要比一般的北极熊生活地靠南许多，因为哈德逊湾每年的10月到次年4月都会结冰，它们以捕食冰中的海豹等为食。哈德逊湾的主要港口有彻奇尔等。

波斯湾

波斯湾位于阿拉伯半岛与伊朗之间，阿拉伯语中称做"阿拉伯湾"，简称"海湾"，通过霍尔木兹海峡与阿曼湾相连。

波斯湾总面积约23.3万平方千米，长990千米，宽58~338千米。水域不深，平均深度约50米，最深90多米，它是底格里斯河与幼发拉底河出海的地方。海湾地区降水稀少，东西两岸又多为副热带干旱荒漠，水温很高，西北部水温为16℃~32℃，东南部为24℃~32℃，浅海区夏季水温高达35.6℃，是世界上最热的海区之一。年蒸发量达2000毫米以上，大大超过降水量，因而海水盐度较高，西北部盐度达38‰~41‰。海湾四周，从东向南，围绕着伊朗、伊拉克、科威特、沙特阿拉伯、巴林、卡塔尔、阿拉伯联合酋长国和阿曼8个国家，被称为海湾国家，或海湾地区。海湾地区总面积约为481万平方千米，人口约1.18亿，波斯湾多珊瑚礁，渔产丰富。居民主要是阿拉伯人和波斯人，大多数人信奉伊斯兰教。沿海居民从事航海、商业、渔业者较多。海底与沿岸是世界上石油储量最多的国家之一，供应了世界一半以上的石油需求。

卡奔塔利湾

卡奔塔利湾位于澳大利亚北部阿纳姆地与约克角半岛之间，岛的三面都是陆地，西接安恒地区，东临约克角半岛，南临昆士兰州的一部分，是阿拉弗拉海的一个大海湾。

海湾东西最大宽度 670 千米，南北长约 600 千米。深度较浅，水深一般不超过 60 米。此海湾形成的时间不长，是一个比较年轻的海湾。海湾南岸多红树林和海滩。诺曼顿、伯克敦位于海湾东南端，是两个主要的港口。海湾多岛屿，以格鲁特岛、韦尔斯利群岛比较有名。沿岸和岛屿有铝土矿、锰矿等矿产。湾内富产虾。

巴芬湾

巴芬湾是以英国航海家威廉·巴芬的名字命名的。它介于格陵兰岛与埃尔斯米尔岛、德文岛和巴芬岛之间，呈西北—东南走向。东南经戴维斯海峡和大西洋相通；北经史密斯海峡、罗伯逊海峡与北冰洋相连；西经琼斯海峡和兰开斯特海峡入加拿大北极群岛水域。它是北冰洋属海。巴芬湾长 1126 千米，宽 112~644 千米，面积 68.9 万平方千米；水深 366~2744 米，海水容积 59.3 万立方千米。海湾地区气候严寒，表面水温冬季-2℃，夏季 5℃~6℃，盐度 30‰~32‰。全年仅 8~9 月可完全通航。岸边植物有 400 种之多，如：桦、柳及低等喜盐植物和草丛、青苔、地衣等。海湾有大量海藻，这些丰富的养料孕育了大量无脊椎动物，如：著名的磷虾，还有比目鱼等。海兽有海豹、海象、海豚和鲸；海岸上栖息着大群海鸥、海鸭、天鹅、雪枭和海鹰。动物有啮齿类、北美驯鹿、北极熊和北极狐等。

大澳大利亚湾

大澳大利亚湾位于塔斯马尼亚湾的西边，以塔斯马尼亚岛为界，以东属于太平洋，以西属于印度洋，它是印度洋凹入澳大利亚大陆南部的海湾。

大澳大利亚湾东西长 1159 千米，南北宽 350 千米，面积 48.4 万平方千米。海湾北岸近海区水浅，向远海深度逐渐加深，平均水深 950 米，最大水深 5600 米。海岸线平直，有连绵不断的悬崖。冬季受西北风控制，能掀起巨大的风浪，会吞噬船舶，船舶难以停泊，东岸的斯特里基湾风浪较小，船舶在这里能安全停泊。海湾内有许多岛屿，如：勒谢什群岛、纽茨群岛和调查者号群岛等。大澳大利亚湾中的主要港口是林肯港。

暹罗湾

暹罗湾又名"泰国湾"，它位于南海西南部、中南半岛和马来半岛之间，海湾与南海水域相连。

暹罗湾是由第三纪地壳运动中的断裂陷落而成，断陷海盆底部沉积着第三纪以来厚达 7500 米的沉积层。海湾沿岸大部分是陡峭岩岸，湾口有连片沙岸。暹罗湾长约 720 千米，宽约 370 千米，面积约 25 万平方千米，平均水深 45.5 米，最大水深 86 米。注入湾中的主要河流有湄南、夜功、邦巴功等河。沿岸多红树林沼泽。海湾地区大部分属热带季风气候，每年 11 月至次年 3 月盛行干燥的东北风，降水稀少，称为干季；4 月到 10 月盛行潮湿的西南风，降雨迅速增多，称为雨季。海湾南端属于赤道多雨气候，年降雨量比较均匀，没有明显的干季和雨季之分。海湾内营养盐类丰富，利于海洋浮游生物繁殖，有产羽鳃鲐、小公鱼、小沙丁鱼、对虾等。海湾内散布着珊瑚礁和红树林。

（二四）

著 名 火 山

喀斯喀特山

喀斯喀特山位于美国西部，从美国加利福尼亚州的北部一直延伸到加拿大不列颠哥伦比亚的南部。它是太平洋海岸山脉的一部分。

喀斯喀特山全长 1100 多千米，海拔 1800~2500 米，有许多山峰海拔都在 3000 米以上。俄勒冈州的最高点是胡德山，海拔 3424 米。喀斯喀特山脉的最高峰是雷尼尔山，海拔 4392 米，位于美国华盛顿州中西部西雅图的南面。雷尼尔山两侧的风光因海拔不同而变化，低处是茂密的森林，高处白雪皑皑，高山上有草地，各种野花野草争妍斗奇，景色宜人。喀斯喀特山脉南段有一个火山口湖，湖的轮廓近似圆形，最大深度 589 米，直径 10 千米，面积 54 平方千米，是美国最深的湖泊。喀斯喀特山的南段，有众多火山，有的仍然处于活动之中，如自 20 世纪 80 年代以来连续喷发的圣海伦斯火山。山中动物有熊、美洲豹、麋鹿、山羊、狼獾、秃鹰等。在喀斯喀特山还有一处著名的国家公园，因公园内有拉森峰而被称为拉森国家公园。

乞力马扎罗山

乞力马扎罗山位于非洲东部，坦桑尼亚北部，临近肯尼亚边境，是非洲最高的山，是世界上最高的火山。当地斯瓦希里中意为光明之山，所以非洲人称此山为"神山"。

乞力马扎罗山是直径约 80 千米的死火山群，最著名的两主峰是基博和马文济。基博峰海拔 5895 米，是非洲第一高峰，是最年轻的火山丘，整个峰顶永久覆盖积雪，是一大奇观。在主峰东边 11 千米处是马文济峰，高 5149 米，山上无常年积雪，南坡和东坡的溪流注入潘加尼河、察沃河和去佩湖。两主峰间由一条高约 4900 米的马鞍形山脊相连接。乞力马扎罗山上的气候随高度而变化，山上的植被有明显的垂直分布，迎风坡降水较多，亚热带常绿阔叶林带和温带森林带有大片森林，5200 米以上是冰川积雪带。山区多野生动物，为了保护稀有动物和旅游资源，已辟为乞力马扎罗禁猎区。

阿空加瓜山

阿空加瓜山位于阿根廷门多萨省西北端，临近智利边界，是南美洲安第斯山脉的第二高峰，属冰川山系。也是世界上最高的死火山，有"美洲巨人"之称。

阿空加瓜山海拔 6960 米，由第三纪沉积岩层褶皱抬升而形成的，同时伴随着岩浆侵入和火山作用，主要是由火山岩构成的，峰顶较为平坦。东、南侧雪线高 4500 米，冰雪厚达 90 米左右，有许多现代冰川，其中菲茨杰拉德冰川最长，有 11.2 千米，终止于奥尔科内斯河，然后泻入门多萨河。阿空加瓜山现在是阿根廷著名的游览胜地，山麓有许多温泉，建有疗养院。此山四面都可以攀登，在海拔 6500 米处有最后一个棚屋，是登山者的最后营地。

埃特纳火山

埃特纳火山位于地中海中部意大利的西西里岛东岸，南距卡塔尼亚 29 千米，周长约 160 千米，喷发物面积广阔。主要喷火口海拔 3323 米，直径 500 米；常年积雪。是欧洲最高、爆发次数最多的火山。

在世界火山中，埃特纳火山以喷发次数之多著称。据史料记载，火山首次喷发在公元前 475 年，至少已经喷发 500 多次。最猛烈的一次喷发是在 1669 年，持续时间长达 4 个月，使附近的城市卡塔尼亚等 2 万多人丧生，毁灭了好几个村庄。21 世纪以来喷发次数已经超过 10 次。1981 年 3 月 17 日的喷发，是近几十年来最猛烈的一次，掩埋了数十公顷树林和许多葡萄园，数百间房屋被毁。埃特纳火山有森林带，处于海拔 900~1980 米的地区，种有栗树、山毛榉、栎树、松树、桦树等，这些树木为当地提供了大量的木材。在海拔 1980 米以上的地区，覆盖着许多火山堆积物，这里只有稀疏的灌木。

维苏威火山

维苏威火山过去被称为"苏马山"或"索马山"，位于欧洲亚平宁半岛西侧，意大利的那不勒斯市附近，是世界著名火山之一。维苏威火山海拔 1277 米，它的火山口周边长 1400 米，深 216 米，基底直径 3 千米。它原是海湾中一岛屿，因火山爆发与喷发物质的堆积和陆地连成一片。在历史上多次喷发，公元 63 年发生了地震，对当地城市和居民造成了巨大损失。公元 79 年 8 月，发生了火山大爆发，掩埋了附近的城市，后来人们打井时在被埋没的圆剧场上发现了赫库兰尼姆和庞贝两座城市的遗址。20 世纪，维苏威火山已经发生了 6 次大规模的喷发，夺去了无数人的生命。1845 年在火山附近建立了世界上最大的火山观测站——维苏威火山观测站，观测站里面有现代化的设施，电脑可以模拟火山喷发的过程。火山的低山坡和山麓平原土地肥沃，可以种植水果及葡萄，火山的上坡则荒凉险恶。

尼拉贡戈火山

尼拉贡戈火山位于刚果北基伍省省会戈马市以北 10 千米，海拔 3469 米，是非洲中部维龙加火山群中的活火山，是非洲最著名的火山之一。

尼拉贡戈火山曾经多次发生猛烈的喷发，造成重大的人员伤亡。尼拉贡戈火山火山口直径 2000 米，深 244 米，底部有熔岩平台和熔岩湖。在尼拉贡戈火山的东部和南部有许多火山堆，有的火山堆部分被它覆盖。2002 年 1 月 17 日，尼拉贡戈火山再次发生了大规模的爆发，这次喷出的岩浆是从火山上的三个裂口流出来的。近 10 万名戈马市居民被迫逃离家园，进入卢旺达吉塞尼镇。

厄尔布鲁士山

厄尔布鲁士山位于欧、亚两洲交界处的俄罗斯和格鲁吉亚边界的高加索地区，是大高加索山群峰中的"龙头老大"，是博科沃伊山脉的最高峰，也是欧洲的最高峰，有"火山之子"之称。

厄尔布鲁士山海拔 5642 米，是由许多火山喷发物堆积而成的。厄尔布鲁士山有两个山峰，生来呈一大一小、一高一矮的"双峰并峙"态势，西边是主峰，海拔为 5642 米，东边是辅峰，海拔为 5595 米。两座高峰矗立于大高加索山脉倾斜比较平缓的北坡上，显得更加巍峨壮观。山上植被呈垂直变化，1200 米以下为阔叶林；1200~2200 米为针叶林；2200~3000 米为亚高山和高山草甸；2600~3500 米为高山苔原；3000~3500 米以上为高山冰雪带。山上风光绮丽，吸引了众多的登山者和旅游者。

堪察加火山

堪察加火山群位于俄罗斯的堪察加州，是世界上最著名的火山区之一，它拥有不同类型和特征的活火山。

堪察加火山群处于太平洋火山带上，总面积大约为3.3万平方千米，海拔高度在海平面及3621米之间。活火山和死火山总数超过300座，其中有克留契夫、阿瓦恰、科里亚克、贝兹莫内等活火山28座，是世界上活火山最集中的地方。堪察加火山群的火山密度高，喷发形式多种多样，这里地貌十分复杂，有曲折的洞穴、重叠的地层和间歇泉、温泉、喷泉等奇观异景，是这里的著名景点。堪察加半岛的中央被两座山脉环绕着，是类大陆性的气候，而且火山喷发物营养丰富，适合植物的生长繁殖。这里生长着丰富的生物物种，有白桦、云杉、落叶松等。野生动物种类繁多，有棕熊、驯鹿、北极狐等。

恩戈罗火山

恩戈罗火山位于坦桑尼亚中北部，坐落在东非大裂谷的东支，距阿鲁沙西128千米处。

恩戈罗火山的存在已有250万年之久。这座火山，停止喷发大概已有25万年。火山处于活动时期时，多次喷发形成了一个碗形火山口。这个火山口周围峭壁陡立，是世界上最大的火山口。恩戈罗火山海拔2135米，火山口宽度14.5千米，深度从610~762米不等，底部直径约16千米，占地总面积达264平方千米。它的外缘有6座海拔3000米以上的山峰拔地。火山地区属于热带雨林气候，年平均气温在20℃左右，但昼夜温差极大。降雨主要集中在12月到次年5月。火山地区的居民为马赛人。他们到处迁徙，寻找水源和食物，很少猎杀野生动物。火山口壁是禁猎区，形成了一个天然围场。非洲著名的野生动物保护区恩戈罗国家公园就坐落在火山口地区，是非洲最重要的野生动物保护区之一。这里有许多泉水和一个大咸水湖，即使在最炎热的时候里面的水也不会干涸，为人们和动物提供了一定的水源。火山口底部约有2.5万~3万头动物，有斑马、羚羊、豹、豺、角马、黑犀牛等。

马荣火山

马荣火山位于吕宋岛东南部，地处菲律宾，在首都马尼拉东南方约 340 千米处。火山东南方距黎牙实比城约 15 千米，是菲律宾最大的活火山，被人们誉为"世界上最完美的火山锥"。也是菲律宾著名的旅游景点。

菲律宾有 52 座火山，其中有 11 座是活火山，平时它不断喷出白色烟雾缭绕山头，入夜，烟雾呈暗红色，宛如一座巨大的三角形烛座。马荣火山自 1616 年 2 月 19 日首次喷发以来，至今已经爆发了 50 多次。最具毁灭性的一次爆发发生在 1814 年 2 月 1 日，熔岩流掩埋了附近的城市，造成 1200 人死亡。由于此火山处于地壳活动比较频繁的地带，根据长时间的地面研究，科学家表示：频繁的火山性地震、大量的二氧化硫持续喷发和熔岩流不断流出，显示马荣火山仍然在隆起中，随时都有喷发的可能。

富士山

富士山是位于日本本州岛中南部静冈、山梨两县交界处的一座活火山，东距东京约 80 千米，是日本第一高峰，已成为日本的象征，也是众多诗人描述的对象。

富士山山顶终年积雪，山体外貌是典型的圆锥形，是世界上形态最完美的火山。山顶火口湖直径约 800 米，深 200 米，看上去令人毛骨悚然。山上最高点为剑锋，海拔 3776 米，山顶 3773 米设有气象观测站。富士山形成约有 1 万年，是典型的层状火山。自公元 781 年有文字记载以来，共喷发 18 次，800 年、864 年和 1707 年出现了 3 次大喷发。最近一次喷发在 1707 年，此后一直处于休眠状态。在富士山北麓分布着 5 个湖泊，统称"富士五湖"，其中山中湖最大，面积为 6.75 平方千米，风景秀丽，是著名的旅游胜地。富士山有 4 个主要的登山口，分别为富士宫口、须走口、御殿场口、富士吉田（河口湖）口等，其中前 3 个登山入口都在静冈县内。富士山地区属于温带季风气候，其南部属于亚热带季风气候，具有海洋气候特征，冬季温和，夏季凉爽。山顶和山麓的气候相差较大，山顶终年积雪，多雾。富士山的植被具有明显的垂直分布，周围生长着 2000 多种植物，有亚热带常绿林、温带落叶阔叶林和寒带针

叶林等。

奇里基火山

奇里基火山又名"巴鲁火山"，位于塔拉曼卡山脉东南延伸部分。在环太平洋火山带，是巴拿马西部的熄火山。奇里基火山海拔3477米，是巴拿马国内最高峰。火山南麓和西麓有柑橘林，盛产柑橘，山坡种植咖啡。

伊拉苏火山

伊拉苏火山位于哥斯达黎加首都圣何塞以东约60千米处，火山底部有一潭绿水，山上烟雾缭绕，宛如仙境，吸引了众多的游人，是哥斯达黎加著名的旅游胜地，有"中美洲的花园"之称。

伊拉苏火山海拔3432米，火山口直径1050米，深300米。火山主要由玄武岩和安山岩组成。此火山是一座间歇性火山，曾于1841年、1920年、1963年喷发过，留有3个火山口。1963年火山喷发时，浓烟滚滚，大股黑灰向外喷射，升起2000米，毁坏了附近的村庄和农田，火山灰落遍整个

中央高原。最近一次喷发是在1978年。

塔胡木耳科火山

塔胡木耳科火山位于危地马拉西部边境，海拔4211米，是中美洲的最高点。火山喷出物向着加勒比海方向，逐渐变薄。由下伏岩层的褶皱和断层构造，形成一系列陡峭山脉。南部是高地，东西多谷地。南部高地是两列与太平洋岸平行的山弧，是中新世以后褶皱、岩浆侵入和火山活动的产物。

雷尼尔火山

雷尼尔火山位于华盛顿州西部，是一个层状火山，海拔4391米，是美国喀斯喀特山脉的最高峰。此火山是一座圆锥形火山，基盘是由花岗岩构成的，火山体是由安山岩构成的。山麓下是一大片茂密的原始森林，湖泊、瀑布错落其间。植物呈垂直分布，低坡生长着针叶林（冷杉、松等），海拔2600~2800米为高山草甸，更高为永久积雪和冰川。埃蒙斯冰川位于东面山坡，是美国最大的冰川。雷尼尔火山是

美国东部前往俄勒冈地区和自太平洋进入普吉特海峡的西海岸的船舶航行的陆标。

沙斯塔火山

沙斯塔火山位于美国加利福尼亚州的北部，喀斯喀特山脉南端，是一座死火山。沙斯塔火山海拔4316米，山顶呈圆锥形，主要是由安山岩组成的。山顶终年白雪皑皑，有冰川。1854年首次被登上峰顶。

胡德火山

胡德火山位于美国的俄勒冈州，是州内的最高峰，海拔3424米，是处于太平洋火山带上的一座死火山。1792年英国航海家布劳顿首次测出火山高度，以英国将领胡德勋爵之名命名。火山最后一次喷发约在1865年。火山顶终年积雪，早期移民以此为路标。现在火山是旅游胜地胡德山国家森林的中心点。

散福德火山

散福德火山位于美国的阿拉斯加山脉的东南端，是阿拉斯加州南端最高的火山，地处太平洋火山带。散福德火山海拔4949米，火山附近有兰格尔—圣伊莱亚斯国家公园和冰川湾国家公园。

喀拉喀托火山

喀拉喀托火山是亚洲的一座活火山，是100万多年以前形成的一座锥形火山，也是近代喷发最猛烈的一座活火山。它位于印度尼西亚苏门答腊岛与爪哇岛之间的巽他海峡南口的拉卡塔岛。1883年此火山爆发以前是45平方千米、长9千米、海拔813米的火山岛。1883年8月26日，一阵震耳欲聋的爆炸声响起，在3200千米以外的澳大利亚都能听见。随即天空中充满了灰色的火山灰烟云。第二天喀拉喀托火山经历了最猛烈的爆发，19立方米的巨大的岩石被炸成尘埃，喷射到空中，这次火山爆发还引起了强烈的地震和海啸，海浪高达20~40米，摧毁了附近的村庄，使得3.6万人丧生。周围280千米的区域都处于昏暗的状态，持续了两天。在此后的一年中，太阳和月亮看上去都是呈绿色或蓝色。全世界都能感受到这次火山喷发的影

响，是有史以来最大的火山爆发。

皮纳图博火山

皮纳图博火山位于菲律宾的吕宋岛，海拔 1486 米。1991 年 6 月 15 日下午，当台风经过时，皮纳图博火山最强烈的喷发开始，火山碎屑流沉积填满河谷，一个巨大的火山灰和气体烟柱进入大气圈，是 20 世纪世界上最大的火山喷发之一，喷出了大量火山灰和火山碎屑流。火山喷发使山峰的高度大约降低了 300 米，并形成了一个直径 2.5 千米的火山口。从此，皮纳图博火山才广泛为人所知。后来地质学家对皮纳图博火山沉积物进行了放射性同位素测年，测得最年轻的为 600 年左右。根据上述年龄菲律宾火山地震研究所把皮纳图博火山划为活火山。皮纳图博火山周围生活着 1 万多山民，近百万人生活在附近三个省的城镇和军事基地。1991 年皮纳图博火山的成功预报极大地减少了人员的损失。

（二五）

著名国家公园

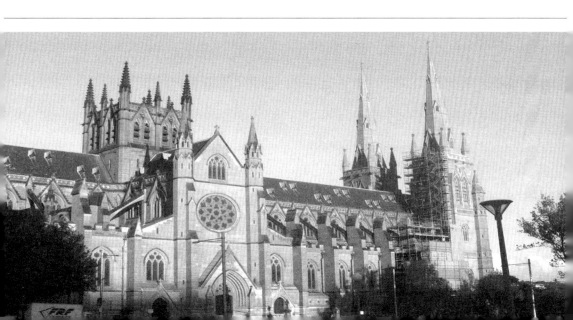

季的气候以及相应的不同自然生态。

奥林匹克国家公园

奥林匹克国家公园位于美国华盛顿西北部的奥林匹克半岛上，濒临太平洋，1938年建立，1946年正式开放。离西雅图约有3~4小时的车程。1981年被列为世界遗产公园。

奥林匹克国家公园占地面积3628.54平方千米。国家公园由雪山、温带雨林和海滨三部分组成，是著名的温带雨林生态环境保护区，以杉树为主，有云杉、冷杉、铁杉、希特卡松等。从太平洋吹来的温暖湿润的西南风，遇高山阻挡形成降雨，高山上的积雪终年不化，形成了大大小小的冰川。山脚下由于一年四季都有丰富的雨水，平均每年有2000~3000毫米降水，每年春天又有稳定的融雪，所以山腰处形成雨林生态。公园内动植物繁多，森林茂密，以"温带雨林"著称。公园山高，湖多，景色宜人，有高耸的峭壁、富饶的岛屿，退潮时有海星、海胆等海洋生物。海滨部分的公园内有180种鸟禽，包括本南特貂和斑纹猫头鹰等濒危动物，还可以看到雄伟的奥林匹斯山。游客可在同一次参观经历中体会一年四

黄石国家公园

黄石国家公园简称为"黄石公园"。它始建于1872年，位于美国西部爱达荷、蒙大拿、怀俄明三个州交界处的洛基山区，是世界上第一个国家公园。密苏里河的一条支流发源于这个山地区域，并沿着一条岩壁呈黄色的峡谷流淌，所以人们把这里的山叫黄石山，河叫黄石河。公园位于河的源头区，因此被称为"黄石公园"，是美国建园历史最悠久、规模最大的国家公园。

黄石公园长168千米，宽142千米，总面积达8956平方千米，主要游览区由一条长达390千米的环山公路连接起来。园内最高峰海拔5350多米，全园海拔均在2450米以上。黄石公园中有许多令人陶醉的美景，公园中多峡谷景观，以黄石峡谷最著名。谷长40千米，深400米，宽500米，峡谷两岸有五彩的岩石。间歇喷泉和温泉是公园最富特色的景致，约占全世界间歇喷泉总数的50%以上。最具代表性的是"老实喷泉"，它每隔65分钟喷发一次，每次持续4~5分钟，水柱高达40米，它喷发时，姿态

万千，引人入胜。瀑布也是公园中美丽的风景，以位于峡谷村的上、下瀑布最著名。黄石公园四季都有美景，此公园以保护自然风光著称于世，已经被列为世界自然遗产。另外，公园也是野生动物的保护地，生活在公园里的有重达 1000 千克的美国野牛，数量众多的大角鹿，以及黑熊、灰熊、麋鹿等，还有白鹭和天鹅等鸟类。

峡湾国家公园

峡湾国家公园是新西兰最大的国家公园，位于新西兰南岛西南端，建于 1952 年，面积 12120 平方千米，也是世界上最大的国家公园之一。1990 年，联合国宣布峡湾国家公园为世界遗产保护区。

峡湾国家公园是水创造的世界，除了过去冰川的深刻浅凿之外，湖泊、瀑布、河流、雨水、冰雹，都是塑造峡湾国家公园多变生态系统的主要力量。公园内最著名的湖泊位于南岛最深的马纳波里湖和最大的特阿瑙湖。马纳波里湖，毛利语为"伤心湖"，长约 29 千米，面积约 190 平方千米，最深处达 447 米。三个狭长的湖湾伸向南、北、西方向，形状如驰骋的骏马。湖内绿岛漂浮，较大的岛屿约有 30 个。湖的周围群山环拥，碧波闪闪，岛屿隐现，被誉为"新西兰最美之湖"。其西湾还建有新西兰最大的水电站。特阿瑙湖，面积约 352 平方千米，长约 61 千米，最宽处仅不足 10 千米，湖体狭长，西部三个狭长湖峡直插山间，形如低头吃草的长颈鹿。湖西山高林密，是狩猎胜地。1984 年在湖滨发现一个岩洞，洞中石笋丛生，钟乳吊顶，景色非常迷人。一般的岩洞幽深黑暗，令人害怕，但这里的岩洞别有奇景：从洞外向里望，即使先前没有安装照明灯具，洞内也依然明光熠熠蓝光闪烁，一石一景清晰可见，但当你进入洞内后，偶尔发出脚步声或其他声音时，顷刻间，亮光突然消失，一切归于黑暗。静静地等待一些时候，漆黑的洞顶又会渐渐明亮起来。在峡湾国家公园旅游会接触到当地原有的土著民族——毛利人。他们是新西兰的第二民族，有着世界上独一无二的迎宾礼节。

奇特万国家公园

奇特万国家公园全称为"奇特万皇家国家公园"，位于尼泊尔南部特拉伊平原的天然动物保护区，是印度和尼泊尔之间喜马拉雅丘陵地带中为数不多的未遭破坏的自然区域之一。1984年，被列入《世界遗产名录》。

奇特万国家公园地处两个河谷之间的亚热带平原，占地面积932平方千米。东西走向的河谷在喜马拉雅山脉支脉西瓦利克山脚下，海拔150~760米之间。公园里有世界上罕见的亚洲独角犀牛和孟加拉虎。这里生活着尼泊尔唯一的一群亚洲独角犀，这种动物仅产于尼泊尔、印度及印尼的少数地区，极为珍贵。孟加拉虎也是公园里的重点保护动物。奇特万国家公园的植被几乎都是盐质森林，覆盖面积达60%。河水两岸的树林和野草错落相间，山上遍布松树和海枣树，潮湿的山坡上生长着竹子。

大雾山国家公园

大雾山国家公园位于美国东部北卡罗来纳州和田纳西州交界处的南阿巴拉契亚山脉中，它是一个原始森林，四季浓雾笼罩，所以被称为"大雾山国家公园"。1983年被列入《世界遗产名录》。

不同时刻，山雾呈现出不同的景象。清晨，大雾充满整个山谷，只有高处的山峰影影绰绰闪现于远方；中午，山雾变成了缕缕轻烟，缓缓地滑过山腰；日落时分，山雾又成了玫瑰色的云帘，映衬着夕阳下紫色的山岭。大雾山国家公园物产丰富，气候适宜，保存了很多古老的物种。树木繁多，有130多种，还有苔藓、菌类和地钱，这儿一年四季百花争艳。动物繁多，以美洲狮、黑熊最有名；其中两栖动物繁多，光蝾螈就有27种；鸟类有200多种，包括红花结啄木鸟。

维龙加国家公园

维龙加国家公园是刚果的动物园，建于1925年，全园长约100千米，占地面积7800平方千米，是非洲最早创建的国家公园，1979年联合国将其列入《世界遗产名录》。

大幅度的海拔高度使园内具有多样性的生态环境，园内有沼泽地，熔岩平原，生长着乔木、灌木的草原，山地森林等，被称为"非洲缩影"。动物种类也非常繁多，有羚羊、斑马、角马、大象、长颈鹿、黄羊、狮子、豹、野猪、猴类、河马、狒狒、野水牛、罗非鱼、非洲肺鱼、金鲨以及成群的鸟类等。其

中羚羊有 4.5 万只、野牛 4 万头、大象 1500 多头、狮子 600 只、河马 3.5 万头，是目前世界上最大的河马群。还有珍稀动物——长毛大猩猩。游人若留宿于湖边的维希勃渔村，则会观看到当地渔民从湖里打捞上来的各种鲜鱼，其中包括罗非鱼、金鲹及富有研究价值的非洲肺鱼等。

火山口湖国家公园

火山口湖是美国最深的湖泊，也是世界第七深的湖泊。在俄勒冈州西南部喀斯喀特山脉的南段，平面近似圆形，直径 10 千米，面积 54 平方千米，海拔 1882 米，最深 589 米。后火山爆发，积水成湖。1902 年被辟为国家公园，是美国的第五个国家公园。

火山口湖国家公园占地面积 650 平方千米，湖中有许多小岛，湖水呈深蓝色，是一种少见的蓝。平静的湖面令人心旷神怡，这里景色秀丽，动植物繁多，公园中有环湖公路，水上有游艇，可以钓鱼。悬崖上有可爱的花栗鼠跳来跳去。公园的美景吸引了世界各地的许多游客，是不错的游览胜地。每年游客可以达到 50 万人。

大沼泽地国家公园

大沼泽地国家公园建于公元 1974 年，现在已经覆盖 5666 平方千米。它位于美国南部的佛罗里达州南部尖角位置，有一条淡水河缓缓流过广袤的平原，造就了这种独特的大沼泽地环境。整个大沼泽长约 160 千米，宽约 80 千米，其中央是一条浅水河，河上有无数的低洼小岛。

辽阔的沼泽地、壮观的松树林和星罗棋布的红树林，为无数野生动物提供了安居之地。这里是美国本土上最大的亚热带野生动物保护地。园内栖息有 300 多种鸟类，成千上万只鸟儿被杀以供给羽毛。公元 1905 年，当局通过了一项法律以保护这一带被禁猎的鸟雀。现在有超过 350 种鸟雀在此栖息或经常来访，包括篦鹭、苍鹭、白鹭、白鹤及蛇鸟。目前，公园内鸟类数量减少 93%，共有 63 种鸟类，其中 14 种濒临灭绝，外来物种的入侵、鱼类及其捕食中毒等都严重威胁着这个公园中鸟类的生存。目前在美国，大赛普里斯是这些美洲鳄的唯一栖息地。体形优美的海牛在佛罗里达半岛附近的海中游动，海牛一般长 3 米，重 500 千克。1993 年12 月大沼泽地国家公园被列入《濒危的世界遗产名录》中，大沼泽地稀有的美洲豹、鳄鱼和水獭才在这片温湿多雨的荒野深处得以生存。

乌卢鲁国家公园

澳大利亚是世界上仅次于美国，第二个开始建国家公园的国家，它的第一个国家公园便是 1877 年建立的乌卢鲁国家公园。公园位于澳大利亚炎热的内陆沙漠地区，东距艾利斯泉城 300 多千米。公园以坐落着爱尔斯岩和奥尔加岩而著称，代表着这个国家的远古历史。

乌卢鲁国家公园里，有植物480 种、爬行动物 70 种、哺乳动物 40 种。爬行动物中最著名的是巨蜥，它的体长可达 2.5 米，皮呈橄榄绿，装点着美丽的花纹。这个地区还有剧毒的褐眼镜王蛇和西部眼镜蛇，长达 1.8 米，生活在沙丘间的青蛙、蜥蜴、袋鼹以及跳鼠都是毒蛇很容易捕捉的猎物，也是澳大利亚野狗的猎物。红袋鼠有时也到这个地区来吃草，而胆小的岩袋鼠白天躲在岩洞里。大约有 150 种鸟在这里栖息，包括鸸鹋、楔尾雕和吸蜜鸟。奇异的岩石是乌卢鲁国家公园最独特的风景，世界上最大最高的单体岩石——爱尔斯岩就静卧在这里，石上没有天生的节理和层理，是一块完整的巨石。巨石正好耸立在澳大利亚的几何中心，四周是平原，它高出四周平地 348米，长 3000 米，宽 2500 米，一石凸起，雄伟神秘。石中有一个极大的谷穴，内壁呈波纹状，风吹过，穴内会发出古怪的呼啸声，被称为"音谷"。奥尔加岩在爱尔斯岩东部约 20 多千米处，由 28 块圆形大岩石组成，有的连在一起、有的个别独立，最高处约 540 米，从地面算起，比爱尔斯岩高 190 多米。1994 年，公园得以在世界文化遗产中进行重新登记，成为世界上第二个被称为"文化景观"的世界遗产。

卡卡杜国家公园

卡卡杜国家公园，坐落在澳大利亚北部达尔文港以东约 250 千米的地方，面积约 2 万平方千米。卡卡杜国家公园保存了澳大利亚大陆最初的人类足迹，这是卡卡杜国家公园驰名世界的一大原因，较完整的自然生态原始环境和优美的景色是公园最值得称道之处。

卡卡杜国家公园由三部分组成，即沙石平原、一直起伏延伸到阿瑞纳黑姆西部悬崖的土地以及低处的洪积平原和潟湖。卡卡杜国家公园的三个中心分别在 1981 年、1987 年、1992 年被联合国教科文组织列入《世界遗产名录》。悬崖是公园里最具特色的景观，悬崖的底部和岩石平台上生活着大量的野生生物。有大约 58 种植物具有重要的保护价值。这些植物可以大致划分为 13 个门类，其中 7 个以桉树的独特属种占优势为特征，有美洲红树、草地、桉树林和成片的雨林。动物种类异常丰富，是澳大利亚北部地区的典型代表。公园中 64 种土生土长的哺乳动物占澳大利亚已知的全部陆生哺乳动物的 1/4 还要多。澳大利亚 1/3 的鸟类也在这里聚集繁衍，品种在 280 种以上，其中各种水鸟为其代表性鸟类。悬崖上有许多岩洞，里面已经发现了约 1000 处享有盛名的岩石壁画，有的壁画有 1.8 万~2.5 万年的历史。卡卡杜国家公园内有瑙瑞兰哲河和玛哲拉河，它们分别是东、南阿尔季特河的支流。公园里的另一个著名景点就是图温瀑布，瀑布从高大的悬崖上倾泻下来，场面十分壮观。卡卡杜国家公园地区属热带草原气候，雨季和旱季对比明显。

汤加里罗国家公园

汤加里罗国家公园位于新西兰北岛中央，建于 1887 年，是新西兰最著名的火山公园。公园内有 15 座近代活动过或正在活动的火山口，呈线状排列，向东北延伸。1990 年和 1993 年联合国教科文组织将汤加里罗国家公园作为文化和自然遗产，列入《世界遗产名录》。

鲁阿佩胡火山是北岛的最高点，海拔 2796 米，是一座只有 75 万年的年轻的活火山。鲁阿佩胡火山顶上终年白雪皑皑，是著名的滑雪胜地。鲁阿佩胡火山 1996 年的一次喷发，使白雪皑皑的山坡被一层厚厚的火山灰覆盖。火山中最壮观的是奈乌鲁赫火山，顶部为直径 40 米的火山口，是典型的圆锥形火山，自 19 世纪 30 年代以来，它一直处于活动状态，火山喷发多姿多彩，有时熔岩顺山坡流淌，改变了火山的形状，爆发也使火山口本身形状不断变化。汤加里罗火山海拔 1968 米，峰顶宽广，包括一系列火山口。这里有许多间歇泉向空中喷射沸水，还有许多泥塘沸腾翻滚，向上冒泡。气泡爆裂声震耳欲聋，空中弥漫着浓烈的刺鼻的硫黄味。

汤加里罗国家公园有着丰富的地热资源，比如：沸泉、间歇泉、喷气孔、沸泥塘。泥塘中黄色的泥浆突突沸跳，就像熬稠的米粥，是这里的一大奇观。新西兰的国鸟几维鸟就生活在这个公园里，新西兰的国徽和硬币都用它作标记。几维鸟没有翅膀和尾巴，长着一个长嘴。长嘴除了觅食外，休息时也可以用来支撑自己的身体。此外，公园沼泽里还栖息着褐色、灰色的野鸭；森林中生活着成群的黑燕鸥、吵吵闹闹的鹦鹉等。

雷奥普拉塔诺生物圈

雷奥普拉塔诺生物圈位于洪都拉斯东北部的莫斯基蒂亚地区，格拉西亚斯—阿迪奥斯省。1982年被列入《世界遗产目录》。

生物圈占地总面积为50万平方千米，其中生物圈保留地面积有35万平方千米，缓冲地区为15万平方千米。海拔高度介于海平面与1326米之间。雷奥普拉塔诺生物圈内有数量丰富、种类繁多的植物和野生动物。生活着180多种两栖动物和爬行动物、39种哺乳动物、377种鸟类。珍稀动物有美洲湾鳄、古比埃姆鳄、美洲豹等。濒危动物

包括大型食蚁动物、貘、美洲虎。雷奥普拉塔诺生物圈气候潮热，年均降水量随着地区的不同而变化，从2850毫米到3000~4000毫米之间。年平均气温约为26.6℃。此生物圈保留地还是玛雅文化的重要遗址，曾发现古代石雕和动物图案的磨石。保护区内的白色城市——布兰卡城，是最重要的玛雅文化考古遗址之一。

库克山国家公园

库克山位于南阿尔卑斯山景色最壮观秀丽的中段，南起阿瑟隘口，西接迈因岭，公园长64千米，最窄处有20千米，占地70696平方千米，冰河面积占40%，1990年被列入《世界名产遗录》。

公园内共有15座海拔3000米以上的山峰，海拔2000米以上的山峰则多达140座，山峰连绵起伏，气势磅礴，蔚为壮观。登山是一个不错的活动。公园里面聚集着雪山、冰川、河流、湖泊、山林，以及动物和高原植被等。低地地区年降雨量约为4200毫米，高山地区由于冰雪的影响，年降水量可达5000毫米。公园的2/3被南部的山毛榉所覆盖，有一些树已有800

年的高龄。公园动物繁多，里面的大鹦鹉是世界上仅有的高山鹦鹉。这里还有一种巨大的不会飞的南秧鸟，也属于稀有的濒危物种。

肯尼亚山国家公园

非洲的第二高峰——肯尼亚山海拔5199米，它是古代的一座著名死火山。山上有12条小冰川，它们融化迅速，还有4个次级山峰坐落在U形冰川谷的顶部。

肯尼亚山国家公园位于肯尼亚东部，距离首都内罗毕东北193千米处，它横跨赤道，距肯尼亚海岸480千米。肯尼亚山国家公园位于海拔1600~5199米，占地面积为1420.2平方千米，包括：肯尼亚山国家公园715平方千米，肯尼亚山自然森林70.52平方千米。1997年被列入《世界遗产目录》。随着海拔高度的变化，肯尼亚山上植物的种类也在不断变化，海拔较低的山坡上是山地森林，从海拔2500米以上长着浓密的竹林。公园里也生活着多种动物，有猴子、长颈鹿、水牛、大象、狒狒、大羚羊、小羚羊、野猪、香猫、土狼等动物，珍稀动物有大羚羊、肯尼亚鼹鼠、蜥蜴等。这里是野生动物的天堂，较低的森林和竹林区的哺乳动物有大林猪、岩狸、白尾獴、非洲象、黑犀牛、岛羚、黑胸麂羚以及猎豹（高山区也可见到）。沼泽地的哺乳动物有肯尼亚山特有的鼩鼱、岩狸、麂羚。在整个北部斜坡和深达4000米的峡谷中生活着特有的瞎鼠。

冰川国家公园

冰川国家公园位于阿根廷圣克鲁斯省西南部的边境地区，纵贯南美大陆西部的安第斯山脉南段巴塔哥尼亚山脉东侧。冰川公园所在的冰川湖名为阿根廷湖，湖的面积达1414平方千米。1981年被列入联合国世界自然遗产。

这里的冰川是世界上最大的现代冰川之一，面积4459平方千米，有47座冰川，冰川公园有10座，消融的冰川注入大西洋。它的著名在于它是世界上少有的现在仍然"活着"的冰川，在这里每天都可以看到冰崩的奇观，最著名的莫雷诺冰川长35千米，前面有一道宽4000米、高60多米的水坝，冰川隔两三年会截断湖面一次，这种情况来回反复，极为壮观，是公园的一大奇景。公园中有着崎岖高耸的山脉和许多冰湖，其中包括167千米长的阿根廷湖。在湖的远端三条冰河汇合处，乳灰色的冰水倾泻而下，像小圆屋顶一样巨大的流冰带着雷鸣般的轰响冲入湖中，令人心惊胆战。主要植物群落是伦卡树，动物有分趾蹄鹿、水獭等。

丹那利国家公园

丹那利国家公园位于美国的阿拉斯加州，是仅次于黄石公园的美国第二大国家公园，是一片雄伟的高山陵绿区。

公园以北400千米就是北极圈，气候寒冷，人烟稀少，风景独特。著名的北美第一峰麦金利山就在这座公园里，是公园的主要景观。公园里拥有多种野生动植物，有几百种动植物，有35种以上的动物和130余种植物。1964年，阿拉斯加大地震彻底地毁坏了这里，从地震后直到人们回到这里重建家园，这里都保持着原状，所以这里是一片类似原始森林的土地。可以说是一个完全自给自足的生态系统。在这里可以感受到古代的深邃和静谧。麦金利山的雄伟和这里令人难忘的动物使丹那利国家公园吸引着世界各地的众多游客前来观赏。

化石林国家公园

化石林国家公园位于美国亚利

桑那州北部的阿达马那镇，是世界上最大、最绚丽的化石林集中地，有许多古老的化石，所以被称为"化石林国家公园"。

化石林国家公园最吸引人的景色是由2.5亿年前的树木演化沉积而成的彩色岩石。这些景点或侧重于横穿彩色沙漠的狭长山谷的恢弘气势，或侧重于富有印第安土著文化特色的岩石雕刻。化石林地区有6片密集的"森林"，最美丽的叫做彩虹森林，其他的如碧玉森林、水晶森林、玛瑙森林、黑森林和蓝森林。它们原是史前森林，约在1.5亿年前的三叠纪年代被洪水冲刷裹带，逐渐被泥土、砂石和火山灰掩埋。几经地质变迁、陆地上升，才使这些埋藏在地下的树干得以重见天日。在公元6~15世纪，就有印第安人在此生息，他们在这里从事生产。公园中央有一条长45千米的公路。在"报纸岩"上，游人可以看到许多古印第安人留下的石刻，石刻的内容包括象形文字、大块砂石上雕刻的各种花纹、巨狮石刻以及人形和含有宗教象征意义的图案。这里的居民曾用化石树做成房屋和桥梁。

普林塞萨地下河国家公园

普林塞萨地下河国家公园位于巴拉望省的首府普林塞萨港市的市中心西北大约80千米处，北临圣保罗湾，东靠巴布延海峡，占地面积2.02万平方千米。公园的主要景观是被人们称为"地下河"或"圣保罗洞"的8千米多长的地下河，由此得名"地下河国家公园"。

公园有各种各样的地形：广袤的平原、起伏的丘陵和高峻的山峰，最令人瞩目的是圣保罗山区喀斯特岩溶地貌景观。公园90%多的地貌都由圣保罗山周围的尖锐喀斯特灰岩山脊组成，而圣保罗山本身是一系列的灰岩山峰沿着巴拉望岛的西海岸南北轴向连绵而成。这里有三种森林形式：低地森林、喀斯特森林和灰岩森林。大部分受保护的植被都处于原始状态，龙脑香属植物占多数。低地森林是巴拉望潮湿森林的一部分，有许多珍贵的野生动物，它拥有亚洲最繁荣的树木植物群。喀斯特森林只生长在土壤较多的有限区域内。海岸森林占地面积不大，红树林也是乌卢甘湾的重要植被，另外还有苔原、远岸海草地和珊瑚礁。

（二六）

世界地质公园

坎普禾世界地质公园

坎普禾世界地质公园位于下奥地利州，距离维也纳西北大约60千米处。该区沿坎普禾向南延伸大约40千米，沿东西方向延伸大约30千米。坎普禾地区原来是意大利大陆上的亚平宁山脉的最后一个分支，后来由于地壳的运动，由元古代到二叠纪形成，这里出现了色彩斑斓的岩石。中生代和新生代期间的剥蚀作用，把这座高山削成了平地。此后，在地球腹地形成了陆源沉积物、蒸发沉积物和碳酸盐沉积物，上面覆盖着许多美丽的珊瑚礁和盐类。这里便形成了著名的坎普禾世界地质公园。公园地区的居民多以农业和林业为主，下游和曼哈茨山脉东翼是著名的葡萄种植区。有许多景点展示出地质历史，还有一个景点种植着"活化石"植物。

普罗旺斯高地世界地质公园

普罗旺斯高地世界地质公园位于法国东南部的普罗旺斯阿尔卑斯山脉和瓦尔省中心的一个小镇上，距离尼斯以北约150千米、巴黎以南800千米，与阿尔卑斯山脉接壤。此公园是一个高400~2960千米的高地，公园里自然环境各种各样，生有橄榄树和造酒用的原料。地质保护区位于西阿尔卑斯山脉外部，位于南部亚高山链区域与南部倒转石灰岩区交界处，南部亚高山链经历过中等规模逆掩作用。公园地区的主要农业活动是养羊，旅游业也比较发达。

贝尔吉施——奥登瓦尔德山世界地质公园

贝尔吉施——奥登瓦尔德山世界地质公园位于德国西南部，公园东西被夹在美因河谷和莱茵河谷之间，南临莱卡河谷。2004年2月被联合国教科文组织列入《世界地质公园名录》。公园占地面积约2300平方千米。公园中两个著名景观是两次全球地质构造的遗迹。一是由于华力西造山运动形成的岩浆弧，是一个峡谷；一是阿尔卑斯造山运动期间的欧洲大陆分裂时形成的莱茵河地堑。这些地质遗迹在欧洲中部是独一无二的，具有特殊的地质学意义，有很高的研究价值，可以研究地球形成的历史。

布朗斯韦尔地质公园

布朗斯韦尔地质公园位于德国北部，环绕哈尔茨山脉，北部在布朗斯韦尔境地，直至弗莱希廷根山脊。公园占地面积为 11.5 平方千米，包括德国 3 个州的 18 个地区。公园的地层主要是由早三叠纪叠层石和鲕粒岩、中三叠纪的含有化石的石灰岩以及晚三叠系的三角洲沉积物组成的。这里有许多古生物的化石，如：菊石、昆虫和脊椎动物等。白垩纪地层的特征是沉积型铁矿石矿床（扎而茨吉特／派讷型）和萨博赫塞恩白垩纪向斜岩相，它是从陆地硅酸质碎屑物经三角洲向海相碳酸盐岩沉积物的过渡地带。哈尔茨山脉有许多独特的矿藏和岩石，已经具有 1000 多年的采矿历史。在哈尔茨山脉的北部可以清楚地看到典型的地质沉积年代的历史。

麦克兰堡冰川地貌地质公园

麦克兰堡冰川地貌地质公园位于德国东北部，最后一次冰河时代创造了一个巨大的湖泊地形。公园里著名的景观就是有许多湖泊和水路，周边许多丘陵和田园般的城镇及乡村吸引了众多的游客。

梅克伦堡州的湖泊从萨克森的边境延伸到山谷的东部地区的山谷，北临波美拉尼亚的边境，这里平均每平方千米有 78 个居民，此湖区是德国居民最稀少的地区之一。1000 多个形状和大小各异的湖泊连接成了一个复杂的运河系统，形成了欧洲中部最大的水体。其中里兹湖面积 117 平方千米，是德国第二大内陆湖，湖的名字来源于斯拉夫语。湖上可以划船和冲浪。

莱斯沃斯石化森林世界地质公园

莱斯沃斯石化森林世界地质公园位于希腊的莱斯沃斯岛的西部，占地面积 0.286 平方千米。这里保存了完好的石化树根、果实、树叶和树种等，记录下至少 2000 万年爱琴海盆地的地质历史，被誉为"自然保护纪念碑"。公园里的主要景观无疑是森林植物的树干、树枝、树叶等的化石。大约 2000 多万年以前，爱琴海北部的火山爆发，喷出了大量的碎屑和火山灰，掩埋了莱斯沃斯岛西部的茂密森林。由于将植物纤维与外界环境相隔绝，以

及确保了黄铁矿中强烈的热液流体循环，植物纤维在最佳条件下发生了完整石化，并形成了形态特征和树木的内部结构都完好的植物化石。

蒲赛罗芮特世界地质公园

蒲赛罗芮特世界地质公园位于希腊爱琴海南部的一个岛屿，占地面积 1159 平方千米，包括周围 157 个城镇和 42234 名居民。

蒲赛罗芮特山脉在蒲赛罗芮特世界地质公园中，它的北部区域在克利特岛的中心。蒲赛罗芮特山是克利特岛上的最高峰，高出地中海海底 5 千米。此公园包含独特的自然环境，有久远的历史、个性的文化、杰出的文明和迷人的地质特征，

曾经是希腊克利特文明的发源地。公园的主要地质特征是叠层结构的岩石，大部分岩石都是岛上露出地面的岩层或片断。公园里有许多令人难忘的化石遗迹、洞穴、峡谷和丘陵，这些东西以及公园里的每一个角落都有清晰可见的地质结构。这些地质遗迹每年都吸引了众多的科研工作者。

科佩海岸世界地质公园

科佩海岸世界地质公园位于爱尔兰的东南海岸，是爱尔兰唯一的一个世界地质公园。公园得名于 19 世纪坐落于此地的铜矿采集中心。公园包括长 25 千米的具有圆尺形状的海滩。大约 4.6 亿年以前海

洋、火山、冰川的混合作用在沙漠上堆积下了层层老红砂岩，是构成此地质公园的主要地貌。公园里的著名景观是一个采矿遗迹，每年可以吸引众多游客来这里追寻那个属于欧洲工业的黄金时代。这里的地质环境多种多样，这里的地质可以研究黑色页岩、石灰岩、红色砂岩的形成过程。大约在 7000 年前，人类开始利用这里的岩石。周围散布着上几个世纪人类居住的遗迹，包括新石器时代的墓石碑坊、铜器时代的墓穴、凯尔特人的防御要塞、基督以前的碑铭以及中世纪遗迹。

马东尼世界地质公园

马东尼世界地质公园位于意大利的西西里岛，占地面积 400 万平方千米，是亚平宁山脉的最后一个分支。大约 2 亿年前在相当于目前撒丁岛的位置上，由于地壳的运动形成了海盆沉积物。后来，在大约 1.5 亿年的时期内，某些沉积物沉没而其他部分上升，便在地球腹地形成了陆源沉积物、蒸发沉积物和碳酸盐沉积物，其上覆盖着钻石般的珊瑚礁和盐类。这里有许多地质遗迹和野生动植物，为地质学家的研究提供了宝贵的资料。

马埃斯特世界地质公园

马埃斯特世界地质公园位于距阿利亚加 7 千米范围内。公园里的主要地质遗迹是陆地和海洋沉积物、矿物和化石以及壮观的褶皱与构造断层，还有一些地方提供了地层、大地构造和地貌的全景图，具有很高的地质研究价值。马埃斯特世界地质公园还有一个重要的古生物遗迹，包括恐龙化石以及脚印等。公园地区建有博物馆等，每年都有许多国外的学生来这里实习。

北奔宁山世界地质公园

北奔宁山世界地质公园位于英格兰北部的丘陵地区，占地面积约 2000 平方千米，包括坎布里亚郡、达拉谟郡和诺森伯兰郡。2004 年 2 月被联合国教科文组织列入《世界地质公园名录》。公园的主要地质意义是通过石炭纪的岩石连续分布可以了解到这些岩石是如何形成和被压覆的，为研究英国以及其他地区的岩石提供了依据。公园内存在的大量矿藏可以成为在世界上其他地区研究和勘探类似矿床的理想参考物。此地质公园还有多种矿产，如：铅、银、铁、煤、重晶石和氟石，并且已经被开采。

阿伯雷与莫尔文山世界地质公园

阿伯雷与莫尔文山世界地质公园位于英国西米德兰兹郡地区，其边界落在赫里福郡、格洛斯特郡、什罗普郡和伍斯特郡境内，占地面积 1250 平方千米。公园里有两座著名的山脉：阿伯雷与莫尔文山。该公园的地质遗迹是一系列从寒武纪到侏罗纪和三叠纪的火成岩、变质岩和沉积岩，与一些具有国家意义的露头，展现出了 5 亿多年的地球演化史。莫尔文山是西米德兰兹郡地区最大的半天然植被区之一。

该区还有珍奇的石松等一些稀有植物，包括国家稀有的鲜明棕色豹纹蝶在内的蝴蝶和飞蛾以及鸟兽。公园内还有濒危的动植物大叶榕和雄赤鹿。

苏格兰西北高地地质公园

苏格兰西北高地地质公园位于英国苏格兰大陆的北部，是苏格兰的第一个世界地质公园。公园从罗斯西部的一个小岛绵延到萨瑟兰郡的西部，并到达北部沿岸。大约 30 亿年以前，这里的岩石比山脉更为古老，由于地壳的运动，形成了现在的一系列高地，这些高地形状各异，具有重要的地质遗迹，吸引了众多的游人。

（二七）

考 古 发 现

吴哥窟

1860 年的一天，法国博物学家姆奥为了寻找珍禽异兽，来到金边西北 25 千米处的洞里沙湖岸，并在这个荒凉的密林深处发现了震惊世界的吴哥遗址。这片重见天日的"废墟"却是一个辉煌灿烂的古文明曾经存在的铁证。吴哥窟又称"吴哥寺"，也叫"小吴哥"，梵语意为"寺之都"，是吴哥古迹群里最负盛名的一座古迹。吴哥窟位于柬埔寨的西北方，是柬埔寨最有名的古代建筑，也是世界上最大的宗教建筑。

吴哥窟建于公元 12 世纪，原是一千多座建筑群落的总称，现在保存下来的、尚有价值的只有数十座。整个庙宇由大石块砌成，缝隙严密，没有任何黏结物，有点像金字塔。吴哥窟坐东朝西，可分为东西南北四廊，每廊都有城门。一道由正西往正东的长堤，横穿护城河，直通寺庙围墙西大门。过西大门，又一条较长的道路，穿过翠绿的草地，直达寺庙的西大门。在金字塔式的寺庙的最高层，可见矗立着 5 座宝塔，周围 4 个小宝塔，主塔被围绕其中，塔内布局对称，有许多雕像、长廊。长廊外雕有许多神像。

一百多年来，世界各国投入大量资金在吴哥窟的维护工程上，以保存这份世界文化遗产。吴哥窟的造型，已作为标志展现在柬埔寨的国旗上。1992 年，联合国将吴哥窟列入世界文化遗产。

图坦卡门之墓

1922 年，英国考古学家霍华德卡特发现了图坦卡门之墓，它位于帝王谷——个充满传奇色彩的地方。这是一个重大发现，出土古物数量繁多，具有珍贵的历史价值。

图坦卡门之墓坐落于尼罗河西岸，与卢克索和卡纳克隔河相望，是典型的埃及十八王朝的设计。墓的入口有一段楼梯通往短走廊，第一个房门是前室，内有许多陪葬品。前室边上是附加室，远端通往墓室开口，墓里有图坦卡门的棺材，墓室旁边的库房是"宝藏室"，有墓壁画，最引人注目的是有 12 只猴子，代表夜间 12 个小时，在古埃及，猴子预示"太阳升起的动物"，进而意味"起死回生"，12 只猴子象征法老在阴间跨越生死交界处所需的 12 小时，墓室有 4 件镀金神龛，是法老的陪葬物。红色石英棺中有 3 层套棺，图坦卡门的木乃伊在最里

层，由纯金制成，重 110.4 千克。

乌尔发掘

历史上许多人曾经对乌尔进行发掘，许多人认为乌尔是一个容易发掘而又丰富的遗址。最早在乌尔进行发掘工作的是一位英国的总领事泰勒，他发掘了神庙的一小部分。在神庙最上层的 4 个角上有巴比仑最后那位国王拿波尼度（公元前 639 年）的书文，其结尾是一个为他儿子做的祈祷。泰勒后还有不少旅行家来到这里，他们都发现地面上散布着古老的巴比伦遗迹和写有符号的石头等。

在考古学家查尔斯·伦纳德·伍利的领导下，从 1922—1934 年大英博物馆和宾西法尼亚大学开始资助对乌尔的发掘。他们一共发掘了约 1850 个墓葬，包括 16 座被称为"皇家墓葬"的、拥有众多古迹的墓，绝大多数墓已经被盗。在庙宇区外还发现了许多普通人的住房。在皇家墓葬的下面考古学家发现了一层淤积的黏土，在它的下面他们发现了更早的遗迹，其中包括殴贝德文化的陶瓷。

科潘遗址

1576 年西班牙人迭戈·加西亚从危地马拉去洪都拉斯的圣佩德罗苏拉城途中，发现了这个淹没在草莽丛中的古城遗址，这就是有名的科潘遗址。遗址包括金字塔、祭坛、广场、6 座庙宇、石阶、36 块石碑和雕刻等。它位于洪都拉斯西部、靠近危地马拉边界的圣塔罗萨西 56 千米处的峡谷中。公元前 2000 多年为玛雅古王国首都，也是当时的科学文化和宗教活动的中心。

广场修建在林木丛生、起伏不平的丘原上，其中一座小丘上矗立着一座庙宇，它的台阶上竖立着一个巨大的代表太阳神的头像，上面有金星的雕饰。另一座庙宇台阶上有两个狮头人身像，嘴里叼着一条蛇，一只手攥着几条蛇，另一只手握着一把象征雨神的火炬。在山坡和庙宇的台阶上，耸立着一个个巨大的、神态各异的人头石像。在广场的山丘上，还有一座被称为"象形文字的阶梯"的祭坛阶梯，共有 63 级台阶，高约 30 米，宽 10 米，有 60°的坡。它由 2500 块方石垒成，方石上刻着花纹及象形文字，每隔 12 米立有一个人头雕像。石阶两侧雕刻着两条倒悬着的花斑大蟒蛇。在广场中央，有两座有地道相通、对峙而立的祭祀太阳神和月亮神的庙宇。两座庙宇各长 30 米，宽 10 米。庙内墙壁和门框上有姿态各异的人像浮雕。两座庙宇之间的空地是一个球场。广场中心有 14 块矗立着的石碑，上面刻满了象形文字和男女人像。石雕都是由整块岩石雕刻而成，高低不一。据说是记载玛雅人发生重大事件的年鉴。

帕哈尔普尔的毗诃罗遗址

19 世纪初，一个重大的考古发现之一就是帕哈尔普尔的毗诃罗遗址被发掘出来，它位于璐冈地区东北角，大约 100 年后，此遗址被列入世界文化遗产。

帕哈尔普尔的毗诃罗遗址的主体建筑是一座带有围墙的大型砖制寺庙，该庙占地 0.09 平方千米。在这个遗址从高达 20 多米的神庙的基座下发掘出了大量精美的雕刻品。这座名叫"索马普拉"的寺庙是公元 8 世纪达马帕拉国王在位时期修建的。寺庙位于一个四方形的庭院之中，在建筑风格上受一些东南亚国家尤其是缅甸和爪哇等国的影响，这些庙宇呈金字塔形、十字形。索马普拉寺庙建成之后的几百年内历经洗劫掠夺，之后索马普拉寺逐渐衰落、失修，直到被遗弃。

美国梅萨沃德印第安遗址

美国的梅萨沃德印第安遗址位于科罗拉多西南部海拔 2600 米的梅萨沃德高原上。这些建筑大约建于 6—12 世纪。目前大约有 3800 处遗址被保存下来，其中包括现在被人们称为"绝壁宫殿"的建筑，它由 200 多个房间组成，风格独特，其宏伟的气势至今被人们称道。出土的许多史前器具都珍藏在博物馆，吸引着众多游人。早在公元前 6 世纪，阿那萨兹人或者别的古代人就在这块既高又平的土地上繁衍生息。极目远眺，只见悬崖之上坐落着 5 个壮观的聚居区，遗址之颠散布着无数阿那萨兹人在公元前 600—公元 1300 年生活过的村落。1978 年 9 月 8 日联合国认定此遗址为"世界文化遗产公园"，因为这里保存着迄今最为完整的阿那萨兹人的文化记录。

埃及金字塔

埃及的金字塔是世界公认的古代世界七大奇迹之一，它是古埃及辉煌文明的见证，代表了埃及悠久的历史和灿烂的文化。埃及的金字塔位于首都开罗西南约10千米的吉萨，是古埃及法老的陵墓。1979年被联合国教科文组织列入《世界遗产名录》。

埃及已发现大大小小的金字塔110座，大多建于埃及古王朝时期。在埃及已发现的金字塔中，最大最有名的是位于开罗西南面的吉萨高地上的祖孙三代金字塔。胡夫金字塔、海夫拉金字塔和门卡乌拉金字塔，与其周围众多的小金字塔形成金字塔群，为埃及金字塔建筑艺术的顶峰。第四王朝法老胡夫的陵墓——胡夫金字塔是其中规模最大最高的一座金字塔，被称为世界古代七大奇迹之一。胡夫金字塔原高146.59米（约48层楼高），大约是公元前2560年完成的。在经历了几千年的风化之后，顶端剥落，现高136.5米，塔身由约230万块巨石组成，平均每块石头重约2.5吨，其中最大的一块重约16吨。金字塔上的巨大岩石非常平整光滑，石块之间没有任何黏结物，却拼合得天衣无缝。古人是怎样把这种金字塔修建起来的，至今还是一个未解之谜。1993年初，考古学家在埃及吉萨省的金字塔区考察时，意外地发现了一个规模庞大的古墓群，里面共有160多个古墓，墓里的象形文字记录了金字塔修建时的情况。

尼安德特人

尼安德特人又称尼安德塔人，简称尼人。尼安德特人17万年前生活在欧洲、中亚和中东等地区。

尼安德特人是穴居者，偶尔也在露天地建造营地。洞穴的入口有时用石块砌小，岩穴也常常用这种方法加以改善。他们使用火，猎取一些小的和中等大小的动物，如山羊和小鹿，并且吃其他大型食肉动物吃剩下的猎物。他们身高约为1.5~1.6米左右，额头平扁，下颌角圆滑，下巴并不像现代人那样前突。骨骼强健，有着耐寒的体格，具体就是肱骨与尺桡骨的比例，以及股骨与胫骨腓骨的比例比现代人大，这是典型的适应寒冷气候的解剖特征。他们生活在欧洲，肤色应该是浅色的。3万多年前，随着冰

川蔓延过整个欧洲大陆，尼安德特人便灭绝了。尼安德特人之死也是历史上的一个谜团，通常认为是由于环境的变化导致他们不能适应在摄取食物方面的变化。

阿尔塔米拉洞穴壁画

1875年，一个名叫索特乌拉的工程师到这里收集化石，发现了许多动物的骨骼和燧石工具，这就是阿尔塔米拉洞穴遗址。它位于西班牙北部桑坦德西面约30公里的地方。但当时并没有发现壁画，直到1879年，索特乌拉再次来到这里，才发现了闻名世界的阿尔塔米拉洞穴壁画。

阿尔塔米拉洞穴是一个很大的洞穴，其长度大约300多米，索特乌拉所发现的壁画是绘制在洞穴的顶部，壁画12米多长，6米多宽，上面绘有各种动物，整个画面线条活泼、色彩鲜艳、布局合理、疏密有致，而且栩栩如生。有一幅画是一头野牛受伤卧地，低头怒视前方，把牛的野性表现得十分逼真、淋漓尽致。1902年，经考古新方法审定，这幅壁画是3万年前的作品，此画被公认为世界美术史上原始绘画的代表作。现代考古成果表明，

凡是人类曾居住过的洞穴遗址绝大部分都有原始壁画的痕迹。然而，我们从现在世界各地的洞穴遗址看，原始人类的艺术成就是十分低下的，它既幼稚又朴拙，大多是线条呆板、比例不当。即使在几千年前的洞穴壁画中，其绘画水平同样是十分低劣的。而阿尔塔米拉洞穴壁画造型准确，线条生动流畅，所绘画的各种动物栩栩如生、十分逼真，使人难以相信是3万年前的作品。

斯通汉克遗址

斯通汉克遗址又称巨石阵，它位于英国伦敦的风景胜地索尔兹伯里平原上，几乎可以和埃及的金字塔相媲美。这些巨大的石柱群建于公元前3000—公元前1600年，已经经历了5000多年的风霜雨雪，依旧岿然不动。放眼望去，人们就会被它的巍峨气势所震撼。

这些石柱一根一根地矗立在地面上，约高7米，拔地而起的长方形大石块好像一根根扁平的圆柱，分散竖立在一个直径为100米同心的圆内。在那上面横放着几吨重的楣石，它们令人惊讶地保持着精确的平衡，高高在上，好像悬挂在空中，不禁使人心跳。单从石柱群本

身来看，它们像一个个巨人屹立在那里，非常壮观。石柱群的影子更是令人惊叹，每年夏至前后几天，在太阳的斜射下，一条条石柱的影子躺在大地上，纵横交错，构成十分奇妙的图案，使人顿觉石柱群之大。以古人的力量，这些巨石是怎样开采的？又是如何搬运，如何竖起的？至今仍是一个未解之谜。

特洛伊城遗址

古代特洛伊城的遗址在土耳其达达尼尔海峡南端的重镇恰纳卡莱以南 40 多千米的地方。大约建于公元前 16 世纪。

考古学家经过了几十年的发掘，在 30 米深的地层中发现了 9 个不同时期的特洛伊城遗址。特洛伊城遗址坐落在平缓的城堡山脚下，西面是宽阔的平地，这里曾发生过一次激烈的战争。著名的"木马计"就是希腊人取得胜利的战策。从这 9 个时期的堆积物中可以看出，第一层至第五层相当于青铜时代早期，第六层和第七层属于青铜时代中期和晚期，第八层和第九层属于铁器时代。人们从公元前 3000—公元400 年的特洛伊城遗迹中，找到了罗马帝国时期的雅典娜神庙以及议事厅、市场和剧场的废墟。这些建筑虽已倒塌败落，但从残存的墙垣、石柱来看，仍然可以看出当年宏伟的气势。这里有公元前 2600—公元前 2300 年的城堡，城中有王宫以及其他建筑，还有那时居民的生活用具。荷马时期的特洛伊城最为引人注目，这座城市是被烧毁的。据说特洛伊国王普里阿莫斯的宝库和海伦的项链也是在这里被挖掘出来的。距特洛伊城遗址不远有一座博物馆，是土耳其目前唯一收藏特洛伊文物的地方，大多数出土的文物都珍藏在此博物馆中。

亚特兰蒂斯

亚特兰蒂斯，又名大西洲、阿特兰提斯。其首都是波赛多尼亚。它是一座纪念碑样的城市，代表了大西洲的精粹，是文化、艺术和工艺水平的集合体现，是其他国家的典范，显示亚特兰蒂斯的伟大。这个城市的经典模式，是由一系列浮于海上的同心圆连接成的，这些同心圆由低到高向中心排列。中心部分是大本营，直径约 2.5 千米。从城市内部朝外看去，可以看到城市的另一层。这是亚特兰蒂斯的内海区域，右边有座灯塔，两座金属雕塑支撑着巨大的灯。中心城市的一些庄严建筑的整体设计尽可能地体现了各种艺术的巅峰。城市中心最辉煌的建筑是具有天文意义的，那些金碧辉煌的建筑在风中会发出和谐的音调。镀金的音乐圆顶是天象馆和其他一些公众建筑。有一块祖母绿被雕刻成透明，被安放在一个地下房间严密看守着，那是亚特兰蒂斯最神圣的地方。城市的主要法典写在这块祖母绿上面。

巴特农神庙

巴特农神庙，又译为巴台农神庙、巴特农神庙、帕特农神殿。神庙是为雅典城的守护神雅典娜而建的祭殿，坐落于希腊首都雅典卫城中央最高处，庙内还存放着一尊黄金象牙镶嵌的全希腊最高大的雅典娜女神像，是雅典卫城最重要的主体建筑。

神庙背西朝东，耸立于3层台阶上，玉阶巨柱，画栋镂檐，遍饰浮雕，蔚为壮观。其建筑风格采取八柱的多利亚式，东西两面是8根柱子，南北两侧是17根，东西宽31米，南北长70米。东西两立面（全庙的门面）山墙顶部距离地面19米，其立面高与宽的比例接近为19:31，接近希腊人喜爱的"黄金分割比"，所以让人觉得优美无比。柱高10.5米，柱底直径近2米，其高宽比超过了5，比古风时期多利亚柱式（三种希腊古典建筑柱式中最简单的一种）通常采用的4:1的高宽比大了不少，柱身也相应颀长秀挺了一些。这座神庙历经两千多年的沧桑之变，如今庙顶已坍塌，雕像荡然无存，浮雕剥蚀严重，不过我们从巍然屹立的柱廊中，仍旧可以看出神庙当年的风姿。它代表了全希腊建筑艺术的最高水平。

比布鲁斯古城遗址

比布鲁斯古城遗址，位于今黎巴嫩首都贝鲁特北部的朱拜勒村，由于埃及纸草途经此地传入爱琴地区而得名。1921年法国考古学家P.蒙泰（1885—1966年）开始系统发掘，5年后，由迪南继续发掘。

遗址中有新石器时代的棚屋、铜石并用时代的瓮葬墓、青铜时代的神庙建筑和埃及器物，以及中世纪的城墙、十字军的城堡和教堂等各时期的遗物。比布鲁斯是世界上最古老的、且有连续居址的城市。它临近山林，盛产木材，建城之初，就成为埃及在黎凡特北部开采雪松

等木材的主要港口。这里有大量的墓地、铭文、埃及王公的石室墓、石棺以及火石刀、磨光手斧、雕像等随葬品，说明了埃及对比布鲁斯的政治、商业、宗教和艺术产生过重大的影响。

庞贝古城

公元 1748 年的春天，一个名叫安得列的农民在挖自己的葡萄园时，发现了一个有名的古城，就是庞贝古城。它位于意大利南部那不勒斯附近，维苏威火山西南脚下 10 千米处。西距风光绮丽的那不勒斯湾约 20 千米，西北离罗马约 240 千米，始建于公元前 7 世纪，公元 79 年 8 月 24 日毁于维苏威火山大爆发。

古城略呈长方形，有城墙环绕，四面设置城门，城内大街纵横交错，重要建筑围绕市政广场，有朱庇特神庙、阿波罗神庙、大会堂、浴场、商场等，还有剧场、体育馆、斗兽场、引水道等罗马市政建筑必备设施。作坊店铺众多，都按行业分街坊设置，连同大量居民住宅，构成研究罗马民用建筑的重要实物。阿波罗神庙是一组庞大的宗教建筑群，位于市政广场西侧。神庙区内的人

们发现的陶器可以证明庞贝人对阿波罗神的崇拜是从希腊引入的，因此其神庙的建筑式样也具有希腊风格。这座寺庙自建成之日起，曾进行过多次维修，最后一次大的修建工程是从公元 62 年大地震后开始的，工程未完工，就发生了公元 79 年的火山爆发。意大利政府于 1876 年开始组织科学家进行有序发掘庞贝古城。经过科学家们的不懈努力，终于让这个古城再现了当年的雄姿。出土后的庞贝城东西长 120 米，南北宽 700 米，城内面积 1.8 平方千米，有 7 扇城门。城内 4 条大街，呈"井"字形纵横交错。主街宽 7 米，由石板铺就，沿街有排水沟。

克诺索斯宫

1878 年，伊拉克里翁的考古学家偶然发现了这座埋于地下的古城，并发现了古钱币和陶瓷瓦片。1879 年考古学家米诺斯·卡洛凯林诺斯开始对古城进行发掘，遭土耳其政府的严厉反对，最终停止。

克诺索斯宫始建于公元前 2000 年，公元前 1600 年最后完工。克诺索斯宫遗址位于希腊克里特岛上的伊拉克里翁市南约 5 千米

叫凯夫拉山的缓坡上，是一座规模巨大的多层平顶建筑，占地2.2万平方米，王宫有5层，1500多间客室，建筑物不连贯，散布在山麓上。王宫由一位经验丰富的人设计制造，他甚至设计了复杂的排水系统。许多人把米诺索斯文化看做是最早出现的欧洲文化。宫殿中央的院子长51.8米，宽27.4米，周围有许多房间，有一石膏制成的保存完好的御座。中央有一庭院南边的墙上有一件高2.22米的壁画，名为"国王—祭司"，显示了当时生活的繁华。宫内的觐见室位于西宫底层，觐见室的壁画是3只鹰头狮身、带有翅膀和蛇尾的怪兽。皇后寝宫描绘着舞女和海豚在水中游荡的图画。长廊上有《蓝色的姑娘》、《持杯者》、《蛇神》等大幅壁画。宫中出土的许多文物都保存在伊拉克里翁的博物馆里。

耶路撒冷古城

耶路撒冷是巴勒斯坦的历史名城，带有异常浓厚的宗教色彩，是犹太教、基督教和伊斯兰教的圣地。三大宗教都认为耶路撒冷是亚伯拉罕的殉难地。它距地中海约58千米，分旧城和新城两部分。19世纪中期，对其进行考古发掘。自1968年起，希伯来大学、以色列考古学会等在旧城进行考古发掘。1981年联合国教科文组织将其列为《世界遗产名录》。

耶路撒冷旧城是不规则的四边形，海拔720~790米。现今的城墙是400年前土耳其苏丹苏莱曼时代重建的。城墙长5千米，高约14米，有34座城堡和8座城门。这些城门有的开放，有的已被石头封死。最主要的城门有4个，即雅法门、大马士革门、锡安门和狮子门，它们按罗盘针所指的4个方位建造，分别通向国内的4座主要城市。耶路撒冷的古迹都集中在旧城，圣殿山是犹太教徒最为注重的圣地，保护至圣所的著名大殿——希律圣殿被古罗马提图斯军团所毁，其遗迹仅为一段12米高的基础墙，这就是文明于世的"哭墙"。另外圣岩清真寺和艾格萨清真寺，还有复活教堂也是旧城有名的建筑。新城在西面，是19世纪后建立起来的，比旧城大几倍，多为现代建筑，有鳞次栉比的高楼大厦、熙攘繁华的街道和商场，布局得当，错落有致。

波斯波利斯宫殿

19世纪初，考古学家逐渐开展对波斯波利斯的发掘工作。波斯波利斯建于120年，位于伊朗南部法尔斯省境内，距设拉子东北12千米。1980年联合国教科文组织将波斯波利斯宫殿列入《世界遗产名录》。

波斯波利斯宫殿始建于公元522年，前后共花费了60年时间，历经三个朝代才完成。东西靠拉赫马特山，下面是辽阔的法尔斯平原。波斯波利斯宫殿用坚固的石头建成，占地面积14万平方千米，宫殿中最大的是百柱厅，占地面积76平方米，内有100根11.3米高的石柱支撑着平房顶，大厅和门厅用72根石柱支撑，柱础覆钟形，柱身有40~48条凹槽。柱头有公牛雕饰，柱高21米，其中的13根至今依然屹立，景象非常壮丽。王宫外大门高18米，两边是对称的巨型神像，人面牛身，长有双翅，被认为是西亚地区的保护神，墙壁上装有浮雕，对称的狮子斗生浮雕位于北面和西面墙上。在多年的考古发掘中，波斯波利斯宫殿出土了大量的手工艺品，其中包括武器、家庭用具、新

出土的皇家铭文以及描绘国王举行正式接见情景的大型浮雕。此外还出土了100多块刻有埃兰文字的土简，上面记录了金库支出的细节。这些都是宝贵的历史材料。

帕伦克及碑铭神殿

1830年的一天，一群西班牙殖民者沿奥托罗姆河考察，经过帕伦克一带时，发现丛林野草中有座高耸的古堡，继续探索，陆续发现一处古迹遗址，这就是帕伦克城。1949年，考古学家阿尔韦托·鲁斯在墨西哥帕伦克铭文庙的最上层平台发现了一个通向坟墓的台阶。里面有一个3.8米长、2.2米宽、带有神秘装饰图案的石板，这就是帕伦克碑。

帕伦克的主要建筑是1座宫殿和5座神庙，人们把这些建筑称为帕伦克宫、太阳神庙、狮子神庙、碑铭神殿等，这些都是现代考古学家所取的名字。碑铭神殿是帕伦克遗址最雄伟的建筑，是一座金字塔、庙宇、墓葬合一的建筑。这座建筑因藏有一大块的铭刻石而得名，其中的一座金字塔有9层高，千百年来，耸立在原始森林之中，饱经风霜，古老而永恒。碑铭神殿的底基

边长 65 米，连同神殿高 21 米，675 年起动工，683 年建成。游客们爬上最后几级阶梯，可以进入碑铭神殿的主厅。后墙嵌着两块灰色大石板，上面镌刻着 620 个玛雅象形文字，排列得十分整齐，如同棋盘上的一颗颗棋子。这些文字有些看起来像人的脸庞、有些像怪物的面孔，还有一些仿佛是蠢蠢欲动的某种神话怪兽。

玛雅金字塔

玛雅文明大约发源于公元前 1800 年，始建于公元 5 世纪，7 世纪时占地面积达 25 平方千米。玛雅人在这里用石头建造了数百座建筑物，其中最著名的是玛雅金字塔，它仅次于埃及金字塔。

玛雅金字塔的设计数据都具有天文学上的意义，玛雅金字塔塔基长 225 米，宽 222 米，和埃及的胡夫金字塔大体相等，它的底座呈正方形，呈"金"字的等边三角形，底边与塔高之比，恰好等于圆周与半径之比。阶梯朝着正北、正南、正东和正西，四周各有 91 层台阶，台阶和阶梯平台的数目分别代表了一年的天数和月数。巨大的石块是如何开凿又搬运到丛林的深处，再把一块块十几吨的石块堆积到 70

米处的，至今仍是未解之谜。这些都是玛雅文明发展到鼎盛时期的产物，这些高大雄伟的建筑几乎都雕有精美的装饰纹，显示了古玛雅人高超的建筑艺术水平。

蒂亚瓦纳科

蒂亚瓦纳科遗迹位于玻利维亚境内的的喀喀湖南岸 20 千米处，在拉巴斯以西约 72 千米处，海拔 3840 米。19 世纪 60 年代，美国人类学家开始对此处的考察，并发布了这里的地图。蒂亚瓦纳科文化是印加文明的典型代表之一。2000 年联合国教科文组织将其列为《世界遗产名录》。

蒂亚瓦纳科是印加文明的先驱，是这里最重要的土著城市。蒂亚瓦纳科遗址是蒂亚瓦纳科文化的宗教、政治中心，是玻利维亚印第安古文化遗址。大批宗教建筑、绘画雕刻以及高度发展的印第安古文化都集中在此。蒂亚瓦纳科遗址长约 1000 米，宽达 450 米，是一个古老的建筑群。蒂亚瓦纳科有许多巨石建筑，整个建筑群都由岩石筑成，取自 4~5 千米远的采石场，大多被加工成长方形，垒砌整齐。主要建筑物设在一座平台上，面积约 65

平方米，高 15 米。遗址上还有另外一个巨型平台，平台上竖有大型石板，石板间填有石块。这一平台上有一方形凹陷院落，可以从一块巨石凿成的台阶进入。院内有著名的建筑"太阳门"，它是由一块重约 100 吨的石头雕凿而成的石门，高 3 米，宽 5 米，厚 1.8 米。蒂亚瓦纳科遗址中出土了大量的手工艺品和许多遗骸，另外还有许多海洋生物的贝壳。说明这里曾经也许是一个海洋。出土的这些遗骸手拿长矛，出土的古物中画着代表蒂亚瓦纳科的神物美洲豹和美洲狮的图案，说明这里的人们一直敬奉着门神。这里的土壤和气候适合农作物的生长，当地居民大都以农业种植为生。

摩亨佐·达罗

摩亨佐·达罗考古遗址，位于巴基斯坦南部的信德省拉尔卡纳县，在印度河的右岸。1980 年联合国教科文组织将其列入《世界遗产名录》。

摩亨佐·达罗是今巴基斯坦所在地区最早的文明，公元前 2500 年左右，这里已出现规模较大的城市，最有名的就是摩亨佐·达罗。它包括一座位于高处的"城堡"和地势较低的"城区"。摩亨佐·达罗占地约 8 平方千米，由宽 7.6 米的大街分成东、西两大区。西区是城堡区，东区为居民区。城堡区设在东西长 200 米、南北宽 380 米、高 15 米的人造平台上，四周围以城墙，上有数处眺望楼。城墙内有大浴室、粮仓、带走廊的庭院、有柱子的大厅等。大浴室面积为 1063 平方米，浴池长 12 米、宽 7 米、深 2.4 米，南、北两面有阶梯可下至浴池。有许多出土的生活用品，显示了当时人们的生活状况。

阿育王狮子柱头

阿育王狮子柱头出土于萨拉纳特，是一根高约 12.8 米的独石圆柱的柱头，柱身已经断裂，但柱头保存完好。雕像采用的是浅褐色的楚那尔砂石，表面高度磨光，如镜面一般光滑、圆润，如玉石一般透明，增强了整个作品既粗犷又细腻、既雄浑又柔和的审美效果。这是 4 只一组的圆雕狮子，背靠背，颈脊相连，面向四方，前肢挺立在圆鼓形的顶板之上，顶板四周雕刻有浮雕大象、奔马、瘤牛和老虎 4 只小动物，两两用法轮隔开。再下面是钟形的倒垂莲花雕饰，整齐而华丽。

4只雄狮轮廓鲜明,均衡对称,头颈和胸部的鬣毛如火焰般排列,眼睛呈三角形;整个雄狮威武雄壮,强劲有力。原来石狮的背上驮有代表佛法的大法轮,但已遗失。

印度是佛教的发源地,第三代皇帝阿育王把佛教尊为国教,进而佛教美术日渐繁盛。阿育王修建了大量的建筑物以铭记战功和宣扬佛法,包括大量的独石纪念碑式圆柱,其中最为著名的就是这尊阿育王狮子柱头。这尊雕塑显示了古代印度艺术家们高超的雕塑技巧,同时也体现了古代印度广为吸收外来艺术语言丰富民族文化的特点。

泰姬陵

在印度,有一座蕴涵着美丽爱情故事的艺术瑰宝,这就是印度知名度最高的古迹泰姬陵,又叫"泰姬玛哈尔陵"。因其华丽壮观,气势磅礴而被称为世界七大建筑奇迹之一。

泰姬陵坐落于印度距新德里200多千米外的北方邦的阿格拉城内,亚穆纳河右侧。是莫卧儿王朝第五代皇帝沙·贾汗为他已故的皇后泰姬·玛哈尔而建立的陵墓。陵墓长576米,宽293米,占地0.17平方千米。陵墓的基座是高7米,长宽各95米的正方形。大理石正中央是陵寝。陵墓主体用雪白的大理石砌成,寝宫门窗及围屏都用白色大理石镂雕成菱形带花边的小格,墙上用翡翠、水晶、玛瑙、红绿宝石镶嵌着色彩艳丽的藤蔓花朵。泰姬陵中央圆顶高62米,四周有4座塔尖,高约41米。墓室的天花板呈莲花形,泰姬·玛哈尔的灵柩就安放在这里。泰姬陵主体陵墓的两侧有两座一模一样的建筑面向陵墓而立,西侧是清真寺,东侧为迎宾馆。这是一座伊斯兰风格的建筑,外形端庄宏伟,同样的白色圆顶,清真寺与主体陵墓构成了唯美的对称效果,给人极佳的视觉享受,令人无懈可击。

婆罗浮屠佛塔

婆罗浮屠佛塔是举世闻名的佛教千年古迹,位于印度尼西亚爪哇日惹市西北39千米处的克杜峡谷。婆罗浮屠梵文意为"山丘上的佛塔",俗称"千佛塔"。据称约建于公元8世纪后半期至9世纪初,它是一座宏伟瑰丽的佛教艺术建筑,与中国的长城、印度的泰姬陵、柬埔寨的吴哥古迹和埃及的金字塔齐

名，被世人誉为古代东方的五大奇迹之一。1991年被联合国教科文组织列为《世界遗产名录》。

婆罗浮屠佛塔呈上圆下方形，分10层平台，由上至下逐渐缩小，中间有一条笔直的石阶通道。第一层到第六层都是正方形，第七层开始变成圆形，一直到第九层，形成了顶塔的座脚。第十层是钟形的大塔，直径10米。塔的基底面积约为1.5万平方米，原高约42米，现已不到40米。佛塔是按照佛教"三界"之说划分为三部分的，下面两层基台表示"欲界"，中间四层回廊表示"色界"，上面的圆台及塔顶则表示"无欲界"，具有鲜明佛教特色。五层平台高大回廊的石壁以及栏杆上凿有描绘释迦牟尼生平事迹、佛教故事与宗教仪式的浮雕1460幅，内容都是取自佛教经典，包括当时爪哇宫廷及人民生产、生活形态、风俗以及各种动植物等。佛塔的装修结构更具有佛教特点。据说，下部四方形的台坪表示所谓"地界"，其各层建有石壁佛龛432个，每一佛龛内置一佛像；上部圆形台坪表示所谓"天界"，其各层建有72个钟形小塔，塔内也置有佛像。佛像按照东、南、西、北不同方向取有各自的名称，而且佛像的面部神情以及手指、手掌、手臂各部也都千姿百态，迥然各异，造型逼真，形象传神。主佛塔塔座上刻有莲花图案，内有两室，室内有一尊没有完成的佛陀像。

巨人石像

在智利有一个被称为"世界肚脐"的地方，这就是复活节岛。它位于太平洋东南部，属于瓦尔帕莱索省，是荷兰航海家雅可布·洛基文1722年4月5日发现的。当天正值基督教的复活节，故得名复活节岛。岛上的居民则称它为"拉帕努伊"，意为"石像的故乡"。航天飞机上的宇航员从高空鸟瞰地球时，惊讶地发现复活节岛孤悬在太平洋上，很像一个小小的"肚脐"。

这个岛上的最大奇观便是被当地人称为"摩艾"的巨大石像，是复活节岛上最引人注目也最使人疑惑的风景。目前已发现的摩艾有887尊，没有两个是完全一样的，大多数摩艾是在一个采石场雕刻的，摩艾平均高度约4米，平均重量约12.5吨。最大的一座高21.6米，重160~182吨，但没有完工而遗弃在采石场。完工的摩艾中最大的高9.8米，重约74吨。大部分是用比较软和容易雕琢的凝灰岩（火

山灰凝固形成）雕刻的。其中有288尊雕刻完了之后曾经被成功地运到称为阿胡的海滨祭坛立在上面，运输距离有的远达10千米。有397尊还未雕刻完扔在采石场，其余的92尊被遗弃在运输途中。这些石像至今仍是一道无与伦比的文化风景，使整个世界为之着迷。

克尔白神庙

每个穆斯林教徒心中都有一个共同的神庙，这就是位于麦加的大清真寺广场内部的克尔白神庙。

克尔白神庙长12米，宽10米，高15米。圣殿外面，从上而下，中间用黑色锦幔覆盖，下有钢环固定于圣殿底座，锦幔中间围绕一条长61米的闹带，闹带和门帘上用镀金银线绣着《古兰经》，需用金线120公斤。当年穆罕默德进入麦加之后，清除了克尔白神庙中所有的部落神，只保留了圣殿克尔白神庙外的东南角处一块有名的黑石，相传这是从"天堂"坠落尘世的石头，称为"玄石"。穆罕默德把克尔白神庙改为清真寺，规定每一个穆斯林一生中必须到这里朝圣一次。

巴米扬巨佛

巴米扬巨佛大约雕塑于公元4—5世纪间，历经风雨和战争，至今已有1500多年的历史，已经被联合国列入人类文化遗迹。

巴米扬巨佛是巴米扬石窟群中最引人注目的风景，分别开凿在东段和西段，俗称"东大佛"和"西大佛"。两尊大佛相距400米，非常壮观。"东大佛"凿于1世纪，高36.5米，身披蓝色袈裟，"西大佛"凿于5世纪，高52.5米，着红色袈裟；两尊大佛的脸部和双手均涂有金色。佛像的两侧均有暗洞，洞高数十米，可拾级而上，直达佛顶，佛像顶上平台可容纳一百多个人，可以欣赏下面的风景。2001年3月12日，这两尊经历了一千多年风风雨雨的世界最高立佛——巴米扬巨佛在阿富汗塔利班的炮火和炸药声中灰飞烟灭。带给人们的是无限的惋惜，古代文明爱好者和国际社会对他们发出了强烈的谴责。

阿布辛拜勒太阳神庙

阿布辛拜勒太阳神庙是努比亚地区最雄伟的埃及古建筑。公元前1275年由埃及历史上著名的法老王拉美西斯二世所建。

阿布辛拜勒以拉美西斯二世建立的两座神庙闻名全球。两座神庙中，大的是拉美西斯二世神庙，较小的一座是其妻子纳法塔莉祭祀哈特女神的纳法塔莉神庙。神庙建在尼罗河上游河畔。神庙在尼罗河西岸的悬崖峭壁上凿出，高约33米，宽约37米，纵深约61米。神庙入口处的两侧是4座高达20米的雕像，从左至右都是拉美西斯二世和王后的坐像。雕像中的拉美西斯王，头戴王冠端坐上方，双目慈祥地俯视着前面，厚实的双唇微合着，神态安详稳重，气势不凡。在他身旁的王后，头上戴着高高的王冠，显示出高贵典雅的气派。进入神庙内，是3个连接的厅，外面的厅最大，中间是两排站立的石雕像。四面的石壁上刻满了彩色壁画，描绘着拉美西斯二世的丰功伟绩、当时的生活情景以及征战情况。最里面的小厅是圣殿，供奉着太阳神。它的建造的方位使它能够在一天的多数时间里都沐浴在阳光中。每当太阳从东方升起，第一道光芒会照射到神庙大门上方的神像。据说，一年中有几天，初升太阳的第一道光芒能够穿过神庙的内殿，照亮最里面圣殿的神龛。